Mathias Schreiber
Was von uns bleibt

Mathias Schreiber

WAS VON UNS BLEIBT

Über die Unsterblichkeit der Seele

Deutsche Verlags-Anstalt

FSC
Mix
Produktgruppe aus vorbildlich
bewirtschafteten Wäldern und
anderen kontrollierten Herkünften

Zert.-Nr. SGS-COC-1940
www.fsc.org
© 1996 Forest Stewardship Council

Verlagsgruppe Random House FSC-DEU-0100
Das für dieses Buch verwendete FSC-zertifizierte
Papier *Munken Premium Cream*
liefert Arctic Paper Munkedals AB, Schweden.

1. Auflage
Copyright © 2008 Deutsche Verlags-Anstalt, München,
in der Verlagsgruppe Random House GmbH
und SPIEGEL-Verlag, Hamburg
Alle Rechte vorbehalten
Lektorat: Annalisa Viviani
Typografie und Satz: DVA/Brigitte Müller
Gesetzt aus der Sabon
Druck und Bindung: GGP Media GmbH, Pößneck
Printed in Germany
ISBN 978-3-421-04345-0

www.dva.de

Die Menschheit ist ein Fluss des Lichtes, der aus der Endlichkeit zur Unendlichkeit fließt.

Khalil Gibran, *Der Prophet*

Inhalt

9 Vorwort

15 Das Paradies der mordenden Selbstmörder

20 Schriftsteller, Philosophen und andere Zeitgenossen über das Jenseits

30 Gott als Geist und die Seele als Vampir

34 Die Angst vor den Gräbern der Ahnen

39 Die feurige Seele, Odin und der Begleitschutz im Jenseits

45 Der Sonnengott und Osiris, die Sonne der Nacht

51 Orpheus, Hades, Elysion: Ekstasen und Qualen

59 Platon, Aristoteles, Plotin: Die Vernunftseele

66 Thomas von Aquin im Himmel: Scholastik, Mystik und Idealismus

75 Unsterblichkeit und Aufklärung

81 Gott muss helfen: Ist er beweisbar?

87 Fernöstliche Weisheit: Seele ohne Selbst

98 Die Auferstehung von den Toten

107 Hirnforschung und Nahtoderfahrung: Ist Unsterblichkeit eine Illusion?

114 Seele und Zeit: Ein inniges Verhältnis

124 Comeback des Unbegreiflichen

129 Unsere Abhängigkeit vom Unendlichen

141 Den Abgrund bejahen: Keine Beweise,
doch drei Wege zur Begründung

147 Anmerkungen

150 Literaturhinweise

154 Personenregister

Vorwort

Der uralte Traum vom ewigen Leben und von der Unsterblichkeit der Seele hat in der aktuellen Konkurrenz um die tollste Idee schlechte Karten: zu altmodisch, außerdem ja längst widerlegt – oder vielleicht doch nicht? Das ist die Grundfrage dieses Buches.

Himmel oder Hölle, ewige Rechtfertigung oder Verdammnis, Überwindung des Todes durch den Glauben an die Existenz eines höchsten, personal gedachten Absoluten, eines Gottes, der auch eine bestimmte Moral vom Menschen fordert, oder die bedrückende Allmacht der Vergänglichkeit und das nackte Recht des Stärkeren: Die Entscheidung zwischen diesen beiden Überzeugungen bleibt keinem sensiblen Menschen erspart, der sich um seinen persönlichen Lebensweg wie um die Zukunft der Welt ernsthaft Gedanken macht. Dabei hängt die Entscheidung wesentlich von der Antwort auf die Frage ab, ob für die menschliche Seele, vorausgesetzt es gibt sie, das Lebensende dasselbe ist wie für den Körper: der schiere Übergang ins Nichts.

Aber sind traditionelle Begriffe wie „Seele", „Gott", „das Absolute", gar „Unsterblichkeit" nicht hoffnungslos veraltet?

Auch der Autor dieses Buches fürchtete jahrelang, angesichts des beispiellosen Triumphs der Naturwissenschaften in der Neuzeit hätten die Kernideen der griechisch-jüdisch-christlich geprägten Mitteleuropäer allenfalls noch „Oldie"-Würden verdient und gehörten schleunigst im Archiv der Kulturgeschichte abgelegt. Weil seine eigene geistige Entwicklung von diesen Kernideen getragen wurde, fühlte er sich schon recht früh, etwa mit fünfzig, als Greis, der nur noch die Chance hatte, zurückzuschauen und das Neue, das man nicht mehr richtig versteht, zu bestaunen. Er baute ziemlich naiv auf die Naturwissenschaft und auf jene Skeptiker, die die überkommenen Ideen der „Metaphysik" – der griechische Philosoph Aristoteles nannte so vor etwa 2300 Jahren das spekulative Buch „nach der Physik" – nicht mehr ernsthaft diskutierten, etwa weil sie schon die Fragen, die zu diesen Ideen geführt hatten, als bloße „Sprachspiele" (so Ludwig Wittgenstein in seinen *Philosophischen Untersuchungen*, 1953) abtaten.

Aber die uralten, scheinbar zu einfach gestellten Fragen gaben keine Ruhe. Plötzlich wirkten nicht sie überholt, sondern vielmehr die „Experten", die sie für überholt erklärt hatten. Es zeigte sich, dass die für das 20. Jahrhundert typische Mischung aus Darwinismus und Nihilismus, mit der Botschaft: „der wahre Gott der Geschichte ist der Überlebenskampf", längst zum Dogma verhärtet war, ähnlich wie einst die theologische Scholastik des Mittelalters. Dogmen aber haben die seltsame Eigenschaft, entsprechend der Heftigkeit, mit der sie Gefolgschaft einfordern, dringend der kritischen Überprüfung zu bedürfen.

Und so kam es denn auch in den letzten Jahren. Der Zeitgeist – oder eine geheimnisvolle Wahrheitsdynamik der Geschichte – schien auf einmal verrückt zu spielen und lauter längst „erledigte" Grundthemen der Religion und der philosophischen Metaphysik interessant zu finden. Die Wiederkehr der alten Orientierungsfragen in öffentlichen Debatten, in den Medien, auf dem Buchmarkt und in akademischen Zirkeln ist offensichtlich: Mitte Oktober 2007 fanden sich unter den zwanzig Spitzentiteln der SPIEGEL-Bestsellerliste, Kategorie Sachbuch, nicht weniger als acht Bücher, die die Suche nach dem Lebenssinn zum Thema hatten. Bücher über die spirituelle Bedeutung des Pilgerns und der Klostereinsamkeit, über die Existenz (oder Nicht-Existenz) eines allmächtigen Gottes, über Jesus, Mutter Teresa, Mohammed und die Weltreligionen.

Kein Zweifel: Religion, zusammen mit ihrer philosophischen Schwester, der Metaphysik, ist der Überraschungsgast des frühen 21. Jahrhunderts. Einerseits ist das eine Reaktion auf den aggressiven Islamismus, der dem verbreiteten Terror der so genannten Selbstmordattentäter zugrunde liegt. Andererseits ist diese Entwicklung auch aus einem metaphysischen Grundbedürfnis der Menschen zu erklären, das sich von intellektuellen Moden zeitweise verschütten, aber letztlich nicht ganz unterdrücken lässt und sich mit zunehmender Kritik an billigem naturwissenschaftlichem Materialismus und konsumistischem Zynismus verbindet.

Der Autor dieses Buches eroberte sich die großen alten Fragen auch aus einem persönlichen Motiv zurück: einer vorübergehenden, krankheitsbedingten Todesnähe. Ihm ergaben sich aus dem neuen Interesse an vermeintlich überholten Themen Einsichten, die zur Folge hatten, dass er nicht nur ausführliche Essays über Moses und die zehn Gebote oder den Begriff des Schicksals im SPIEGEL veröffentlichte, sondern auch – zu Ostern 2007 – eine Titelgeschichte zum Thema „Unsterblichkeit der Seele". Mehr als ein halbes Jahrhundert lang hatte das im Prinzip der Aufklärung verbundene Hamburger Nachrichtenmagazin, das größte in Europa, dieses Thema ignoriert; gewiss nicht aus antikirchlicher Bosheit, sondern weil man es für antiquiert, für wissenschaftlich sinnlos hielt.

Als die Titelgeschichte zur Unsterblichkeit der Seele dann überraschend großes Interesse fand, lag der Entschluss nahe, sie zu diesem essayistischen Buch auszubauen, das viermal umfangreicher als jener Magazinaufsatz geraten ist.

Woher aber nimmt der Autor die Kompetenz und die Kriterien für ein so fundamentales Thema? Und wenn er dazu eine These riskiert, wie könnte er sie vorweg umreißen?

Die klassische akademische Philosophie hat das Thema „Unsterblichkeit der Seele" etwa seit der Mitte des 19. Jahrhunderts mehr und mehr vernachlässigt. Bernard Bolzano, einer der Mitbegründer der Mengenlehre, starb 1848 – er war einer der Letzten, die ernsthaft über eine bleibende Substanz der Seele nachdachten. Wenig später haben biologischer Naturalismus, physikalischer Materialismus und tollkühne Nihilisten wie Friedrich Nietzsche oder Karl Marx, assistiert von einem Entzauberer der Psyche wie Sigmund Freud, die ehrwürdigen Reste der Metaphysik so geschwächt, dass Existenzialisten wie Martin Heidegger oder Jean-Paul Sartre sie nur noch zusammenzufegen brauchten: tote Blätter im Spätherbst abendländischer Jenseits-Spekulation.

Doch eines Tages, auch ermuntert durch die religiösen Geständnisse vieler Mathematiker und Physiker, jener Priesterkaste der wissenschaftlich-technischen Moderne, erhoben sich die angeblich toten Ideen wie die sprichwörtlichen Phönixvögel aus der Asche.

Irgendwann mochte niemand mehr glauben, dass alle alten Ansichten über Leben und Tod, Gott und Freiheit, Wahrheit und Geschichte „widerlegt" seien. Aber wen sollte einer befragen, der nun nach neuen Antworten suchte?

In dieser Situation sagte sich der Autor dieses Buches: Du musst es einfach selbst versuchen. Trau dich! Und befrage der Reihe nach die Experten jener Wissenschaften, die zum Thema Psyche, Unsterblichkeit, Gott und Zeit etwas zu sagen haben, aber leider zu viel Fachjargon benutzen und selten oder gar nicht miteinander reden.

Die Kompetenz des Autors, der Philosophie studiert hat, ist also vor allem die eines aufmerksamen, vorsichtigen Vermittlers zwischen den Disziplinen, eines journalistisch engagierten Moderators – nicht die eines „Entertainers". Er hofft, dass aus seiner Zusammenschau von Einsichten so unterschiedlicher Fächer wie der Philosophie, der Theologie, der Archäologie, der

Kulturgeschichte, der Vergleichenden Religionswissenschaft, der Astrophysik, der Neurologie und der Altphilologie ein im guten Sinn unzeitgemäßes Bild entstanden ist. Es soll die eigentlichen Experten ermutigen, ernsthaft und nicht nur in Sonntagsreden ihre Thesen auszutauschen.

Hat der Journalist auch eine These darüber hinaus?

Er findet, dass es jenseits der empirisch-exakten Naturwissenschaften, der in logischer Sprachakrobatik oder reiner Ideenhistorie festgefahrenen Philosophie, aber auch jenseits des Glaubens an die Autorität einer Kirche eine Erkenntnisweise gibt, die nicht einfach „irrational" heißen darf. Sie wird zu wenig wahrgenommen, weil allzu billiges, marktgängiges esoterisches Geraune diesen Mittelweg der vernünftigen Selbstvergewisserung des Menschen zugleich besetzt und diskreditiert.

Es ist jene Erkenntnisweise, die auch „Intuition" genannt wird und die in der Spätromantik „Gefühl" hieß. Aufgrund dieser Art von Vernunftgebrauch ist der Autor über viele intellektuelle Umwege dahin gelangt, von einer fundamentalen Nicht-Sterblichkeit der Seele überzeugt zu sein.

Was darunter im Detail zu verstehen ist, soll dieses Buch darlegen. Es handelt von den letzten Dingen, im Durchgang durch die Jahrhunderte ihrer mythologischen, religiösen und denkerischen Spiegelungen. Und es beansprucht, trotz einer klaren Grundentscheidung, zu alledem keineswegs eines: das letzte Wort.

Winsen an der Luhe, im Januar 2008   *Mathias Schreiber*

Das Paradies der mordenden Selbstmörder

Die Unsterblichkeit der menschlichen Seele ist ein Traum. Nicht alle Träume sind Schäume, manche werden irgendwann wahr. Doch an diesem großen, uralten Traum ist zunächst einmal wahr, dass er seit einiger Zeit an einen schrecklichen Albtraum gekettet zu sein scheint.

Es ist ein Dienstag im März des 21. Jahrhunderts, das eigentlich stolz sein kann auf die gute Erziehung, die Kompromissfähigkeit und die wissenschaftlich fundierte Weltbeherrschung vieler Erdenbürger.

Etwa 100 Kilometer südlich von Bagdad gilt an diesem Märztag 2007 eine andere Zeitrechnung: Muslimische Pilger wandern nach Kerbela, zu einer ihrer heiligsten Moscheen, wo sie der Ermordung eines jener Männer gedenken, auf die sie ihre schiitische Eigenart gründen: Hussein Ibn Ali, Mohammeds Enkel. In der Provinzstadt Hilla passiert es: Zwei gewaltige Explosionen, mitten in der Menschenmenge, reißen 90 Pilger, darunter Frauen und Kinder, in den Tod, fast 200 weitere werden verletzt.

Zwei Scheinpilger, wahrscheinlich sunnitische Muslime, so genannte Selbstmordattentäter hatten nacheinander ihre Sprengstoffgürtel gezündet. „Selbstmordattentäter" ist ein fragwürdiger Begriff, der das unselige Treiben fundamentalistischer Glaubensrambos schönfärbt, indem er das eigentliche Verbrechen – die Tötung unschuldiger Zivilisten im Rahmen einer absurden ideologischen Sippenhaft – hinter der Benennung seiner Vollstreckungsart, der Selbsttötung, versteckt.

Wobei diese Selbsttötung meist recht junger Täter oft eine Mischung aus Bewunderung und Mitleid auslöst, die – zumindest im muslimisch geprägten Kulturkreis – das Mitgefühl mit den Opfern des Verbrechens in den Hintergrund zu drängen droht. Der Heroismus, mit dem die Mörder auch sich selbst töten, überblendet dann die unverzeihliche Ruchlosigkeit, mit der sie ahnungslose Menschen umbringen, als sei es ihr gutes Recht, im Namen Allahs selbst Herrgott zu spielen, über Gute und Böse zu richten und praktisch jedermann zu diktieren, wann und wofür er zu sterben habe. Zahllosen Menschen wird so nicht nur willkürlich das Leben geraubt, sondern sogar noch ein Großteil der Anteilnahme ihrer Mitmenschen.

Diese so genannten Selbstmordattentäter sind Massenmörder und sollten getrost auch so genannt werden. Sie befinden sich ja weder in einer echten Notwehrsituation, noch handelt es sich um Soldaten im Krieg, selbst wenn ihre Propagandisten, unter anderem durch den Missbrauch des Begriffs „heiliger Krieg", solches suggerieren möchten.

Vom Beginn des Irak-Kriegs im Jahr 2003 an mussten, allein bis zum Frühjahr 2007, mindestens 65 000 Zivilisten ihr Leben lassen; das sind siebenmal mehr als die Zahl der Soldaten, die in diesem Krieg gestorben sind. Die UNO setzt eine hohe Dunkelziffer an und schätzt, dass noch im Jahr 2006 mehr als 34 000 Zivilpersonen umgebracht wurden. Im irakischen Inferno der vergangenen Jahre war der Pilgermord vom März 2007, vermutlich wieder einmal die „Rache" für irgendwelche anderen Schandtaten, also eine fast normale Szene.

Eine ungeheuerliche Normalität: Nicht so genannte Ungläubige, sondern sogar harmlose Pilger werden von konkurrierenden Gottsuchern heimtückisch getötet, angeblich für ein hehres Ziel, doch im Namen desselben Gottes. Sind nicht auch diese zerfetzten Menschen Diener Allahs? Wer kann, wer mag das noch begreifen? Dieses ewige „Allah ist groß!"-Geschrei – und anschließend werden unschuldige Menschen verstümmelt und zerschmettert, als seien diese nicht auch Geschöpfe Allahs, also letztlich Teile von ihm.

Dessen kriegerischer Prophet Mohammed, „der Gepriesene", erlaubt zwar die Tötung als Selbstverteidigung, als „Vergeltung" erlittenen Unrechts und Vernichtung „verderblicher" Existenzen, befiehlt aber immerhin auch, im Prinzip alles Leben, selbst das der Tiere, zu schützen. Als er einmal auf einem Ärmel seines Gewandes eine Katze schlafen sieht, die ihn vom Gang zum Gebet abzuhalten droht, schneidet der Prophet den Ärmel halb ab. Er will beten, aber auch die Ruhe des schönen Tieres nicht stören. Als er Mekka erobert hat, schont er die Gegner von gestern. Und er lehrt: Wer „eines einzigen Menschen Leben rettet, sei angesehen, als habe er das Leben aller Menschen erhalten". Andererseits stimmt es schon: In Allahs und Mohammeds Namen hat sich der islamische Gottesstaat zwischen dem 7. und 17. Jahrhundert mit Waffengewalt mächtig ausgebreitet, bis nach Syrien, Ägypten, Persien, Südspanien und Indien. Auch das war „Dschihad", heiliger Krieg, ein Begriff, der zunächst des Gläubigen Kampf um die Beherrschung der eigenen Niedertracht meint.

Gleichwohl: Verstehen lässt sich die suizidale Metzelei im Schicksalsgebiet zwischen Irak, Afghanistan und Palästina schon lange nicht mehr als dschihadischer „Aufstand" gegen westliche „Ungläubige" und ihre einheimischen Statthalter; auch nicht allein im Blick auf den jahrhundertealten Gegensatz zwischen Schiiten und Sunniten oder auf die notorischen Spannungen unter Muslimen, Juden und Christen. Die meisten Opfer sind ja gläubige Muslime!

Die Mörder der Pilger von Hilla wären nicht, was sie sind, hätten sie nicht eine an sich positive Idee im Kopf, einen stolzen, uralten Menschheitstraum: die Unsterblichkeit der Seele. Unter Muslimen, deren religiöser Kosmos ohnehin noch fester gefügt erscheint als jener der christlichen Konfessionen, wird dieser Traum seltener infrage gestellt als in den monotheistischen Schwesterreligionen. Das erklärt nicht den Furor des Mordens, aber doch, weshalb ein Menschenleben hier anscheinend weniger wert ist als im Christentum.

Muslime, egal ob Schiiten oder Sunniten, bauen unerschütterlich auf das Fortleben in „jener Welt", die in einer frühislamischen Überlieferung folgendermaßen charakterisiert wird: „Die Menschen schlafen, und wenn sie sterben, erwachen sie." In der ersten Nacht nach ihrer Beerdigung werden Muslime von den Engeln Munkar und Nakir auf ihre Rechtgläubigkeit hin geprüft, müssen dann allerdings auf ihre Auferstehung und das Jüngste Gericht warten, bis Allah über ihr ewiges Schicksal entscheidet. Nur „Dschihadisten", Glaubenskrieger, die den Märtyrertod gestorben sind, gelangen gleich nach dem Tod ins Paradies. Hier reihen sich die Selbstmord-Massenmörder unserer Tage ein.

Das muslimische Paradies ist ein Jenseits, das ein wenig so ausgemalt wird wie der Garten Eden, aus dem Adam und Eva nach christlicher Lehre vertrieben wurden: schattige Lustparks mit Palmen, frischen Früchten, kühlen Bächen und sprudelnden Fontänen, ewigen Müßiggang verheißend bei hübschen, großäugigen „Jungfrauen mit schwellenden Brüsten", bei diesen reizenden, zart schimmernden „Huris", deren „Schweiß wie Moschus riecht" – eine pure Männerfantasie, die den – falschen – Verdacht nährt, irdische Frauen hätten zu diesem Paradies keinen Zutritt.

Die beglückende „Betrachtung" des Allerhöchsten, die den spirituellen Inhalt des Paradieses krönt, wird – wiederum recht diesseitig – versüßt durch herrliche Klänge und den häufigen Genuss von Honig, Milch und jenem Wein, den der irdische Muslim meiden soll wie das Schweinefleisch.

Die selbstmörderischen Massenmörder sind eigentlich gar nicht so heldenhaft, wie sie wirken. Denn diese meist sehr schlichten Gemüter sind fest von ihrem raschen Fahrstuhltrip ins Paradies überzeugt. Und dass sie offenbar so geringe Hemmungen vor der Tötung Unschuldiger haben, lässt sich – außer mit dem Tunnelblick des verführten Fanatikers, dessen Familie eine Prämie kassiert – auch damit erklären, dass sie sogar ihren Opfern ein Fortleben im Jenseits zugestehen, wenn auch auf einer weniger luxuriösen Etage des Paradieses. Generell denkt ja der Islamist, der „Gottergebene", das irdische Leben zeige seinen wahren Wert erst im Jenseits. Das Jenseits schüttet ein Füllhorn der verschiedenen Verheißungen und Drohungen über das Diesseits aus.

Wer meint, ewig zu leben, muss diese Ewigkeit auch denen, die nicht an sie glauben, konzedieren. Der an die Unsterblichkeit der Seele Glaubende, das sagt schon der römische Philosoph Seneca, dürfe „keine Ausnahme" zulassen. Diese Logik gilt auch für Muslime.

Wie auch immer: Die nicht enden wollenden Selbstmord-Massenmorde zwischen Bagdad und Gaza könnte es nicht geben ohne den Traum von der persönlichen Unsterblichkeit. Das Böse wird ermöglicht durch einen der ältesten Trostspender der Menschheitsgeschichte. Eine makabre Paradoxie. Verwehrt sie dem aufgeklärten Zeitgenossen unserer Breiten die Teilhabe an diesem Trost? Entsprechend der berechtigten Kritik jenes früheren Jenseitsmissbrauchs, als der Christenglaube an ein besseres Leben nach dem Tod benutzt wurde, um die soziale Verbesserung der irdischen Lebensumstände zu behindern, was Karl Marx zu dem berühmten Diktum veranlasst hat, Religion sei ja nur „Opium des Volks", also Betäubung der Unterprivilegierten?

Schriftsteller, Philosophen und
andere Zeitgenossen über das Jenseits

Seit vielen tausend Jahren wird in den verschiedenen Kulturen der Erde über das Sterben nachgedacht, über die Erfahrung, dass Körper und Selbst des Menschen nicht einfach identisch sind – wer ein Bein verliert, erleidet damit noch keinen Selbstverlust, und darüber, dass es so etwas wie eine geisterhafte Identität, genannt „Seele", gibt, die den hinfälligen Körper prägt, lenkt, auf Distanz hält und womöglich sogar überdauert. Vom Ahnenkult der Steinzeit bis zur altindischen Seelenwanderungslehre, vom Wiederauferstehungsgedanken Zarathustras und der jüdischen Prophetie bis zu den christlichen Himmels- und Höllenvisionen und den Unsterblichkeitsspekulationen bedeutender Philosophen wie Platon und Pythagoras reicht eine Tradition der Besinnung und Nachdenklichkeit zurück, die nach Kriterien wissenschaftlicher Strenge bis heute nichts bewiesen hat, deren Kerngedanke aber, es gebe so etwas wie eine unsterbliche Seele, immer noch viele intelligente Zeitgenossen fasziniert. Dieser Gedanke hilft manchem, auch außerhalb kirchlicher Bindung, den Verlust eines Angehörigen oder eines Freundes zu verkraften.

Was sie denken und empfinden, wurde nicht von zweihundert Jahren Aufklärung im Namen der empirischen Wissenschaft, auch nicht von der Hirnforschung, widerlegt, ist durchaus nicht mehr Teil irgendeiner Art von reaktionärer Volksbetäubung, und es lässt sich auch nicht einfach mit dem trivialen Schlaubergersatz erledigen, der Mensch neige nun einmal aus Angst vor dem Tod zu Hirngespinsten dieser Art.

Illusionen verraten Denkfaulheit, doch angesichts einer Frage, bei der es um Sein oder Nichtsein des Fragenden selbst geht, wird auch der träge Geist wach und misstrauisch gegenüber billiger Münze. Den Tod als eigene Möglichkeit vor Augen, erlebt der Mensch eine Mischung aus Ratlosigkeit, Hoffnung, Schreck und Schock, die ihn aus dem halbwachen Dahinleben und Dahindösen, aus dem täglichen Wohnen im Gewohnten reißt. Der Philosoph Hermann Schmitz sieht in diesem plötzlichen Erwachen vor dem Äußersten die eigentliche „Zündung der Subjektivität", den wahren Ursprung von Zeitbewusstsein und Identitätsgefühl. [1]

Es ist sehr unwahrscheinlich, dass der Mensch ausgerechnet in einer solchen Grenzsituation, die ihn nach Tod und Unsterblichkeit fragen lässt, sich leichfertig-illusionär selbst betrügt, steht doch in dieser Grenzsituation nicht zuletzt seine Würde auf dem Spiel, ein seiner selbst bewusstes Subjekt zu werden, zu sein – und womöglich sogar zu bleiben. So gesehen hat die Stimme jedes ernsthaften Zeitgenossen in dieser endgültigen Sache existenzielles Gewicht, mag sie auch einer populärnaturwissenschaftlichen Identifikation von Zeit und Wirklichkeit, Geist und Materie widersprechen.

Der von der phänomenologischen Schule Edmund Husserls beeinflusste Hermann Schmitz, Jahrgang 1928, hält die Leiblichkeit für den „Sitz der Subjektivität"[2] und zweifelt schon darum an so etwas wie einer substanziell bleibenden „Seele". Indem er aber die Alleingültigkeit des physikalisch-mechanischen Zeitbegriffs bezweifelt; indem er die Subjektwerdung des Menschen an das bestürzend-beglückende Aufblitzen von „Jetzt"-und-„Hier"-Erfahrung bindet und schließlich gar, unter der Überschrift „Die Auferstehung der Toten", über eine apokalyptische, reine „Gegenwart" nachdenkt, in der nichts mehr kommt und „nichts mehr vorbei ist", öffnet er zumindest der Idee einer unvorstellbaren Seinsweise – und das wäre ja die Unsterblichkeit – ein Gedankenfenster.

Und „besteht" nicht „unsere ganze Würde in dem Gedanken", wie der französische Philosoph Blaise Pascal im 17. Jahrhundert formuliert?

Wer Unsterblichkeit zu denken versucht, muss es wagen, jenes Wirklichkeitsmodell, bei dem ein selbstbewusstes Subjekt sich der Welt und einzelnen Dingen gegenüberstellt, die „Subjekt-Objekt-Spaltung" (Karl Jaspers), zu überschreiten. Unsterblichkeit ist mindestens so unvorstellbar wie eine unendliche Linie oder ein Anfang der Zeit (jeder gedachte Anfang setzt schon Zeit voraus, in der der Anfang anfängt). Dass sie anschaulich nicht nachvollziehbar ist, macht aus der Idee der unendlichen Linie aber noch keinen Nonsens. Verhält es sich ähnlich mit der Idee der Unsterblichkeit?

Die Idee der Unsterblichkeit birgt viele Widersprüche in sich. Paradox war der Jenseitsglaube von Anfang an schon durch die Prägung „Leben nach dem Tod" – wo es doch den Tod ausmacht, nach dem Leben anzutreten, und zwar als ein Vernichter, der auch den letzten Lebensfunken auslöscht.

Schon die schlichte Rede vom „Leben nach dem Tod" impliziert zwei verschiedene Bedeutungen des Wortes „Leben". Das Leben vor dem Tod kann nicht im selben Sinn „Leben" heißen wie das Leben nach dem Tod, sonst wäre der Tod nicht, was er ist: das Lebensende.

Nicht einmal diese elementaren Bedeutungsschwierigkeiten hindern die Menschen, an so etwas wie dem ewigen Leben festzuhalten.

Immerhin 52 Prozent der Deutschen – das ergab eine vom SPIEGEL in Auftrag gegebene Umfrage des Meinungsforschungsinstituts TNS im Frühjahr 2007 – mögen sich nicht damit abfinden, dass mit dem Tod des Menschen „alles aus" sein soll; von den 18 bis 29 Jahre alten Deutschen sind es sogar 64 Prozent – eine erstaunliche Zahl, wenn man voraussetzt, es sei plausibel, dass ältere Leute, die dem Tod näher sind, diesen durch die Unsterblichkeitsidee eher von sich fernhalten als jün-

gere Leute, die intensiver auf ihre Zukunft als auf ihr Lebensende blicken. Offensichtlich eine trügerische Plausibilität.

Wer meint, mit dem Tod sei nicht „alles aus", hofft auf
irgendeine Art von jenseitiger Fortexistenz, nicht unbedingt
schon auf das Fortleben der eigenen Individualseele – darauf
setzen immerhin 56 Prozent der 18- bis 29-Jährigen. An die
biblische Botschaft von der Auferstehung des Fleisches zum
Ende der Geschichte mögen nur 35 Prozent der Befragten glauben; 59 Prozent zweifeln daran.

Die Antworten, die zur selben Zeit vom Autor befragte
Intellektuelle und Künstler gegeben haben, lassen sich diesem
Meinungsbild insofern zuordnen, als bei diesen Zeitzeugen, die
deutlich älter sind als 29 Jahre, die Skepsis überwiegt. Das Ja
zu einem möglichen Jenseits scheint hier weit entfernt zu sein
von jenen 52 Prozent der Deutschen, die diese Antwort wagen.
Intellektuelle und Künstler äußern sich zwar gern im Namen
der Menschheit, man sollte diese aber nicht mit der realen
Mehrheit einer bestimmten Bevölkerung gleichsetzen.

Die einen zeigen sich radikal skeptisch, andere bekunden
Jenseitsahnungen, die sie aber nicht fixieren möchten, wieder
andere hadern schon mit der altmodischen Frage, die doch
bereits im 19. Jahrhundert verblasst sei, was zur kompensatori-
schen Hingabe an eine stimmungsstarke Friedhofskultur geführt
habe. Und natürlich gibt es dann auch die Christen, die die von
ihrer Kirche gepredigte Version der Unsterblichkeit akzeptieren.

Ein gläubiger Ungläubiger, der aus allen Antwortrastern
herausfällt, ist etwa der Schauspieler Johannes Heesters,[3] Jahrgang 1904. Heesters ist ein Typus Mann, der noch in spä-
ten Jahren nach vorn schaut: Im Alter von 103 Jahren, nach
90 Jahren Zigarettenglück, hat er mit dem Rauchen aufgehört,
als bringe das gesundheitlich noch viel für die verbleibende
Zeit. Heesters ist bekennender Katholik, kann sich aber seine
persönliche Unsterblichkeit ebenso wenig „vorstellen", so sagt
er, wie die Auferstehung aller Menschen beim Weltgericht: „Ich

bin gut katholisch. Ich gehe in die Kirche. Aber ich kann nicht mehr allein in die Kirche gehen, weil ich schlecht sehe – ich erkenne nur kleine Figuren. Und das soll ewig so bleiben? Ich kann und will mir gar nicht vorstellen, dass ich persönlich ewig leben soll – das wäre ja auch ziemlich einsam. Und was die Auferstehung am Ende aller Tage betrifft: Wo kommen wir denn hin, wenn all diese Menschen eines Tages zurückkehren, all diese Millionen und Milliarden, die gelebt haben, leben und noch leben werden? Ich glaube, was meine Kirche verkündet – aber dies kann ich einfach nicht glauben, weil ich es nicht verstehe, weil ich es mir nicht vorstellen kann. So katholisch bin ich dann auch wieder nicht."

Noch zurückhaltender äußert sich der Schriftsteller Martin Walser, Jahrgang 1927: „Unsterblichkeit der Seele? Bezeichnend ist doch schon, dass das hiermit Gesagte durch eine Verneinung zustande kommt: Un-Sterblichkeit. Positiv kann man es gar nicht ausdrücken. Die Verneinung der Sterblichkeit ist nichts als das Eingeständnis größter Ohnmacht, Ausdruck eines unendlichen Bedürfnisses. Es gibt eben Großwörter, die sagen etwas, was es nicht gibt, aber wir brauchen sie – dazu gehören die Wörter Gott, Ewigkeit, Unsterblichkeit der Seele. Die so bezeichneten Sachen existieren gar nicht, aber trotzdem brauchen wir diese Wörter, um das Leben zu ertragen, um mit den Wörtern zu spielen, egal ob niedlich oder heroisch. Wer von der Unsterblichkeit der Seele spricht, benutzt einen ehrwürdigen Sprachgebrauch, der aber völlig sinnlos geworden ist. Mit der Unsterblichkeit der Seele zielen wir auf einen zeitlosen Zustand, etwas Statisches. Dabei ist doch alles immer in Bewegung: unser Denken, Fühlen, Ahnen, Glauben. Als etwas Statisches ist es gar nicht vorstellbar."

Was die Vorstellung von der Auferstehung des Fleisches betrifft, hält Walser es für vollends unmöglich, „das mit der Ratio zu schaffen". Die Sache sei „ganz irrational. Wir können es nur glauben. Glaubensfähigkeit ist vergleichbar mit Musikalität, mit dem absoluten Gehör – der eine hat es, der andere nicht. Glaubensfähigkeit ist an sich etwas Positives. Ich bewundere Leute, die glaubensfähiger sind als ich selbst und die nicht etwa nur an die Wiederauferstehung glauben, sondern auch an die unbefleckte Empfängnis Mariens. Die Größe des Glaubens, sagt Kierkegaard, wird kenntlich an der Größe des Unglaubens. Je unglaublicher etwas ist, desto heftiger kann sich Glauben bewähren. Auch Glaubensaussagen müssen sich aber der Erkenntnis stellen: Nichts ist ohne sein Gegenteil wahr. Mein Leitspruch.‟

Walsers Leib-und-Magen-Kritiker Marcel Reich-Ranicki, Jahrgang 1920, beantwortet die Frage, ob er an die Unsterblichkeit der Seele, sei es Individualseele oder Weltseele, oder sogar an die Auferstehung des Fleisches glaube, sehr entschieden: Er halte von alldem „gar nichts. Derartiges ist in meiner Gedankenwelt nicht vorhanden. Ich bin in dieser Hinsicht auch unbelehrbar. Ich sprach einmal mit Walter Jens darüber, ob er die Seele für unsterblich halte. Er zitierte den Philosophen Ernst Bloch, der auf diese Frage nur geantwortet habe: ‚Wer weiß?‘ Ich fügte hinzu: Gott sei für mich keine Realität, sondern ein literarische Figur wie Hamlet oder Odysseus. Darauf Jens: ‚Kann es eine größere Realität geben als die von Hamlet oder Odysseus?‘ Das hat mir gefallen. Was die Dimension der zeitlichen Unendlichkeit angeht, glaube ich an eines: Es gibt gewisse Melodien, etwa von Mozart oder Beethoven, die währen ewig – solange es Menschen gibt, die sie hören können.‟ Überraschend ist, dass dieser Skepsis am heftigsten Zeitgenossen widersprechen, die mehr als jeder gewöhnliche Sterbliche Erfahrungen mit Todkranken gemacht haben.

Die Schweizer Psychiaterin Elisabeth Kübler-Ross (1926 bis 2004), die jahrelang Krebskranke, vor allem Kinder, bis an die Grenze des Todes ärztlich begleitet hat, bezeichnete das Sterben als „Übergang‟ in „eine andere Form des Lebens‟, als „strahlenden Beginn‟ des Eintritts in ein „kosmisches Bewusstsein‟,

als Verschmelzung des Ichs mit einer energiereichen „Urlicht-
quelle", also letztlich als freudiges Ereignis. Sie hat es am liebs-
ten verglichen mit dem „Heraustreten" des „Schmetterlings
aus seinem Kokon".

Der Kölner Seelsorger Bert van der Post, Jahrgang 1938,
hat etliche Workshops von Elisabeth Kübler-Ross besucht,
begleitet seit über dreißig Jahren junge wie alte Todkranke
auf ihrem letzten Weg. Er leitet das Hospiz „Haus Tobias",
ein „Abschiedshaus", wie er sagt, für fünfundzwanzig Menschen. Van der Post bekennt ohne Zögern: „Das Ich bleibt,
der Tod ist nicht das Ende, das gebe ich Ihnen schriftlich." Er
habe, erzählt er, intensiv erlebt, wie seine sterbende Mutter von
ihrem zuvor gestorbenen Mann regelrecht „abgeholt" wurde;
sie habe „Peter", seinen Namen, gesagt und ausgeschaut, als
sehe sie ihn vor sich.

Im „Haus Tobias" habe unlängst Bernd, 23 Jahre alt und
an Leukämie unheilbar erkrankt, ihn gefragt, was wohl nach
dem Tod passiere. Und als er erwiderte, wir Menschen seien
bei Gott gut aufgehoben, habe Bernd einen Tag später gesagt:
„Ich würde gerne glauben, kann aber nicht. Ich möchte etwas
anderes: Darf ich mich in deinen Glauben fallen lassen?" Er
durfte. Wenige Tage später war er tot.

Van der Post weiß natürlich, dass viele Gehirnforscher die
Unsterblichkeit der Seele für ein Hirngespinst halten, weil ohne
die Aktivität der Nervenzellen so etwas wie Bewusstsein unmöglich sei. Dennoch insistiert er: „Ich habe erfahren, dass und
wie die Seele den Körper verlässt. Wie genau das aussieht, weiß
ich nicht, ist mir aber auch egal."

Damit zitiert er eine altindische Wendung für das Lebensende. Sie lautet: „den Körper verlassen". Die archaische Vorstellung vom schauerlich „lebenden Leichnam", der bedrohlich
wirkt und versöhnt werden muss, spiegelt diese Ambivalenz
wie in einem Gruselfilm: Der Tote ist dahingegangen, und in
seiner wohlbekannten Gestalt ist er, solange er nicht verwest

ist, dennoch präsent. Er ist da und ist zugleich fort. Wären Körper und Seele identisch, wäre diese uralte Erfahrung, dieses deutliche Empfinden, der soeben Gestorbene „verlasse" seinen Körper, ohne ihn ganz aufzugeben, kaum möglich. Man darf diese Erfahrung nicht ignorieren, weil Nervenforscher sie noch nicht erklären können.

Auch der Geistliche van der Post kann sich die Auferstehung des Fleisches am Ende der Geschichte nicht vorstellen: Er habe zu viele sieche Körper gesehen. Van der Post ist kein Esoteriker, doch er verlässt sich lieber auf seine Intuition als auf die Neurologie. Sein Verein, der das „Haus Tobias" betreibt, heißt „Himmel un Ääd", Himmel und Erde. So nennt man in Köln ein Gericht: Kartoffelpüree mit Apfelmus, Blutwurst und Speckwürfeln. Echter Seelentrost.

Ulla Unseld-Berkéwicz, Jahrgang 1952, Chefin der Verlage Suhrkamp und Insel, Dramatikerin und Erzählerin, hat im Herbst 2007 einen „Verlag der Weltreligionen" gegründet. Er soll die „alten religiösen Schriften" neu publizieren, von der *Bhagavad Gita,* dem berühmten hinduistischen „Gesang des Erhabenen", bis zum Alten Testament und zum Koran.

„Wir haben Gott abgesetzt, weil wir ermessen und berechnen wollten. Die Kräfte aber, die wir nicht messen oder berechnen können, walten weiter", meint die Verlegerin. Das „verlorene Wissen" der Alten Welt könne fruchtbar gemacht werden für eine Naturwissenschaft, die sich vom „physikalisch-technologischen Fundamentalismus" unserer Tage verabschiede. Sie weiß: Wer so denkt, wird rasch zum Esoteriker gestempelt. Deswegen beruft sie sich bei einem Thema wie der Unsterblichkeit auch gern auf nüchterne Naturforscher wie den US-Physiker und Informatiker Frank J. Tipler. In seinem Buch *Die Physik der Unsterblichkeit* (deutsch 1994) versucht er zu zeigen, „dass Leben insgesamt unsterblich" ist. Allerdings nimmt er dafür eine mathematisch hochkomplexe, „physikalische Kosmologie" in Anspruch und in einer „sehr fernen

Zukunft" einen Extremzustand des Universums, in dem „nur Roboter überleben können". Bis dahin, meint er, seien Roboter vollwertige, selbstbewusste Lebewesen.

Der Heidelberger Physiker Markolf H. Niemz (*Lucy im Licht – Dem Jenseits auf der Spur*, 2007) steht Tipler nicht allzu fern mit seinem Versuch, den klassischen Begriff der Seele als bewusster Identität eines Lebewesens mit Aspekten der Quantenphysik und der Relativitätstheorie zu versöhnen. Niemz meint, im Tod beschleunige sich die vor der Geburt aus dem All geschöpfte, im ganzen Körper (nicht nur im Gehirn) anwesende Seele „auf Lichtgeschwindigkeit", ähnlich einem Photon oder einem winzigen Materieteilchen, und erlange, in der Form einer sich nach allen Richtungen ausbreitenden „Kugelwelle", eine spukhafte Omnipräsenz. Diese wäre vielleicht vorstellbar nach dem Vorbild der kosmischen Hintergrundstrahlung. Für die verwandelte Seele schrumpfe das Universum „auf einen einzigen Punkt" zusammen.

Eine kühne Konstruktion, die immerhin physikalische Exaktheit mit der psychologischen Analyse realer Nahtoderfahrungen verbinden kann, die ja Lichtvisionen enthalten. So etwas ist immerhin auch für den nachvollziehbar, der kein Informatikstudium bei Professor Tipler (oder einem seiner Assistenten) absolvieren kann. Tipler stützt seine Theorie vom „Omegapunkt" der Weltgeschichte mit einem wissenschaftlichen Anhang, der auf rund 130 Druckseiten lauter mathematische Gleichungen, Skalen und Kurven präsentiert, die kaum den erträumten Brückenschlag hinüber zur Weltweisheit der alten Kulturen erlauben dürften.

Die Frankfurter Verlegerin findet es „merkwürdig, dass viele Menschen offenbar Angst haben, es könnte nach dem Tod weitergehen". Und sie fragt sich: „Wie schaffen die das eigentlich, wenn einer stirbt, den sie lieben?" In der Tat ist der Tod eines geliebten Angehörigen nicht selten schwerer zu ertragen als der eigene. Unseld-Berkéwicz glaubt nicht, dass mit dem Tod „alles aus" ist. Keine Energie gehe im All verloren, der Geist sei höchste Energie und könne nicht „durch die Zeit vernichtet werden" – dabei beruft sie sich auf den österreichischen Quantenphysiker Erwin Schrödinger, unter anderem auf dessen Buch *Geist und Materie* (1959).

An der Seite eines sterbenden Angehörigen, sagt sie, „macht man bestimmte Erfahrungen und wird immer sicherer, dass da noch etwas ist, das wir nicht sehen. Ich glaube, auch die individuelle Seele lebt irgendwie weiter, vielleicht nicht in alle Ewigkeit. In tiefer Meditation kann man eine Ahnung davon bekommen, was es ist, ohne Körper weiterzuexistieren." Sie hat ihrem Ehemann und ihrem Vater beim Sterben zur Seite gestanden, eine Doppelerfahrung, die sie in eigenwilligen Gedanken über den Tod und das, „was bleibt", in dem Buch *Überlebnis* (2008) verarbeitet hat.

Wenig halten von alldem die Hirnforscher, die schon im 19. Jahrhundert die Seele als Produkt bestimmter Organe sahen und sogar noch einen eigensinnigen Philosophen wie Walter Schulz (1912 bis 2000) von der Meinung überzeugen konnten: „Der Mensch kann nur vermittels des Gehirns als Geist da sein."[4] Jeder Versuch, „den Geist als existierendes Etwas abzutrennen vom Körper und als Substanz für sich zu setzen", sagt Schulz, sei ein metaphysischer Kurzschluss auf den Spuren Platons. Schulz erwägt nicht einmal die Möglichkeit, dass der Geist, wie der Platon-Schüler Aristoteles lehrt, von der körperlich gebundenen Einzelseele des Menschen unabhängig zu denken wäre, obwohl er uns nur durch diese Seele begegnet. Schulz ist zu entgegnen: Die Seele als Medium eines Geistes, der durch seine einzigartige Offenheit für das Unendliche und seine Fähigkeit zur Selbstreflexion aus allen Naturbindungen herausfällt, hat Anteil an einem elementaren Bruch der empirisch maßgeblichen Ursachenkette und lässt sich durch ein Denken, das immer nur nach organisch-materiellen Ursachen und Wirkungen fragt, nie ganz einfangen.

Gott als Geist und die Seele als Vampir

Die großen Weltreligionen Christentum, Judentum, Islam, Hinduismus, Buddhismus, denen insgesamt rund 4,5 Milliarden Erdenbürger anhängen, sprechen allesamt vom ewigen Leben oder wehren sich – wenn auch mit bemerkenswerten Unterschieden – gegen die Vorstellung, das Lebensende sei ein schlichter Fall ins Nichts.

Das erste Problem dabei, das die verschiedenen Religionsgelehrten und Denker unterschiedlich aufzulösen suchen: Leben als solches wird erst in der Abgrenzung zum Gegenteil, dem Totsein, definiert: „Nicht existierte der Tod, also auch nicht das Leben", heißt es im altindischen Weltentstehungsbericht des *Rigveda*. Leben heißt: In einer bestimmten Lebenszeit gezeugt und geboren werden, wach sein, wachsen, lernen, reifen, wirken, lieben, staunen, sich vermehren, genießen, verzweifeln, hoffen, sich schlagen und plagen, doch am Ende sterben. Leben ist wesentlich „Sein zum Tode", wie der Philosoph Martin Heidegger (1889 bis 1976) formulierte. Außerhalb des Horizontes der Zeitlichkeit gibt es kein Sein. Erst in der Todesangst leuchtet die Kostbarkeit des Lebendigseins so recht auf. Und dann soll ein Lebewesen nur zum Schein sterben, die elementare Angst vor dem Tod eine Täuschung sein? Nein: Die Prägung „ewiges Leben" verhöhnt jedes natürliche aufgeklärte Empfinden, ist ungeheuerlich und ein Widerspruch in sich: Sie nennt etwas im Grunde Unvorstellbares.

Eben darum glauben wir daran, kontern die Weisen der jüdisch-christlich-islamisch geprägten Tradition. Ja, sagen sie, das ewige Leben ist unvorstellbar, wir kennen so etwas nicht. Kenntnis davon haben die Menschen nur, weil Gott dies geoffenbart hat. Nur Gott, der schlechthin Unvorstellbare, kann so etwas wie das ewige Leben wissen, uns wissen lassen und stabil halten.

Dieser Gott ist so unendlich wie das, was er weiß – „unendlich" meint dabei nicht endlos dauernd oder ausgedehnt, sondern allem Endlichen auf eine qualitative Weise überlegen, die der Mensch benennen und ahnen, nicht aber erkennen kann. Wenn wir dennoch Unendlichkeit als das ganz Andere zu denken versuchen, das an keinem Endlichen, auch nicht an uns, eine Grenze findet, so hilft ein Satz des Nikolaus von Kues (1401 bis 1464), der zwar von einem christlichen Denker stammt, aber auch für die großen anderen monotheistischen Gotteslehrer spricht: „Er selbst erkennt in uns"; anders gesagt: „Dich sehen, das ist nichts anderes, als dass du den siehst, der dich sieht." Wenn Astrophysiker und Weltraumfahrer sagen, „da oben" fänden sie keinen Gott, so muss man entgegnen: Sucht Gott doch erst einmal in euch selbst, der seelische Weltinnenraum ist interessanter und gehaltvoller als der tiefschwarze, bitterkalte Raum zwischen Erde und Mars.

Schon der Begriff eines unendlichen Wesens bedeutet: Es ist überall anwesend, aber nirgends als endliches, begrenztes Etwas zu fassen. Gott wäre demnach präsent und allmächtig als Bedingung der Möglichkeit jeglicher menschlicher Selbst- und Welterkenntnis. „Jede Seele erkennt das Unendliche" (mit unterschiedlicher Klarheit), so der Philosoph Gottfried Wilhelm Leibniz. Die religiöse Wahrheit dieses Satzes muss heißen: In jeder Seele erkennt sich das Unendliche. Und eben dies unterscheidet die menschliche Seele von den mehr oder weniger vorstellungsbegabten übrigen Lebewesen.

Anders gesagt: Als von Gott Gewusste und dieses Gewusstsein Wissende haben die Menschen schon während ihres Hierseins Anteil am Jenseits, an Gott, der das Ewige weiß und der im Ewigen sich selber weiß.

Eine hehre Lehre, so klug gebaut, dass sie selbst den noch einfängt, der an ihr zweifelt. Dass er so etwas wie einen unendlichen Gott auch nur skeptisch erwägen oder ganz infrage stellen kann, betrachten viele schon als Beleg für die göttliche Abkunft des Menschen, dafür, dass er ein Geschöpf des Ewigen ist, herausgerissen aus dem kohärenten Umweltbezug in einen radikal offenen Welthorizont in Fragezeichenform. Platon zielte wohl auf nichts anderes, als er – eine viel umrätselte Wendung – über das „Licht in der Seele"[5] nachdachte, das dem Menschen „das Größte", die Idee der Ideen, zu denken erlaubt, wenn auch meistens verschwommen und verschattet.

Ohne Zweifel ist ein Menschenleben, das als Hüter eines solchen „Licht"-Geheimnisses – es wirkt nach bis zu Heideggers Rede von der „Lichtung des Seins", die nur dem menschlichen „Dasein" sich öffne – begriffen wird, sehr viel unantastbarer als jener naturwissenschaftlich durchleuchtete Homo sapiens, der auf seine animalische Abstammung, seine tierischen Triebe und die – immerhin – sensationelle Komplexität seiner Gehirnfunktionen reduziert wird.

Die Kultur der Menschenwürde ist am stärksten in der Bindung an die Idee der Unsterblichkeit. Mag diese Idee auch Selbstmord-Massenmörder beflügeln, so gilt doch zugleich: Sie liefert das triftigste Argument gegen deren Untaten. Ohne die Würde, die aus der Unsterblichkeitsvorstellung abgeleitet wird, fehlen der Empörung über das Morden und dem Tötungsverbot die höchstmögliche metaphysische Begründung – ebenso wie die Chance, dem Mörder die allerschlimmste Strafe anzudrohen: die ewige Verdammnis.

Der Gedanke, jeder Einzelne habe eine endgültige Bedeutung und dürfe auf ein Jenseits hoffen, das die winzige Episode seiner tatsächlichen Lebenszeit unvorstellbar überbietet, schmeichelt dem Menschen und ist seit Jahrtausenden beliebt. Notorische Pessimisten bewerten eben dies als Indiz dafür, dass es sich um eine fundamentale Illusion handelt. Andererseits fragt man sich: Was der Mensch instinktiv, von alters her erstrebt, gehört zu seiner Natur. Und ihrer Ökologie, ihrer Beziehungslehre zu folgen, ist selten falsch. Das natürliche Streben nach dem Kolossalen, mit dem der Mensch sich selbst zeitlich, räumlich oder geistig übertreffen möchte, hat in der Geschichte große Dinge bewirkt: Große Tempel, Mausoleen und Kathedralen, große Dichtungen, riesige Weltreiche, unwahrscheinliche Rettertaten, mit denen außergewöhnliche Individuen in die Ewigkeit eingehen wollten. Alles eitel, Rauch und Staub? Ewigkeit auf Zeit, doch keine echte Ewigkeit, kein Gedanke Gottes, der auch das Erkalten unseres Sonnensystems in Jahrmillionen überdauert?

Nun muss, was moralisch oder geschichtsästhetisch wünschenswert ist, durchaus noch nicht der Fall sein. Andererseits verbietet der Kampf um die Menschenwürde, gerade in Zeiten ihrer heftigen terroristischen Missachtung, den allzu leichtfertigen Verzicht auf die Beschäftigung mit der Metaphysik des Ewigen; mit der möglichen Konsistenz der „Seele" – griechisch *psyche*, lateinisch *anima*, was in diesen beiden Sprachen „Hauch" bedeutet, während der althochdeutsche Wortstamm *sela* so viel heißt wie die „Bewegliche".

Im vorchristlichen Volksglauben gilt die Seele als bewegliches Wesen, das häufig in den Gestalten eines Vogels, einer Maus, einer Schlange oder eines Schmetterlings dargestellt wird. Dieser bewegliche Lebensgeist macht sich selbstständig, sobald der Körper abstirbt, und west fortan als halblebendiger Schatten in der Unterwelt. Im Griechenland der homerischen Zeit, also vor dem Aufblühen der avancierten griechischen Philosophie, ist diese schattenhafte Psyche ein bewusstloses Wesen, das die einzelne gestorbene Person und zugleich das Lebensprinzip des Menschen repräsentiert.

Wenn dieses Wesen Blut trinkt, kann es Geist und Willen zurückerobern. Ein ferner Nachhall dieser Mythologie ist der Vampirheld aus dem *Dracula*-Roman von Bram Stoker.

Die Angst vor den Gräbern der Ahnen

Der Gedanke, der Mensch verfüge über eine mehr als bloß irdische Lebensdauer und Bedeutung, hat sich im 3. Jahrtausend v. Chr. in den Hochkulturen zwischen Ganges, Euphrat, Tigris und Nil herausgebildet. In den langen Schattenzeiten davor begegnet als eine frühe, rohe Form dieses Gedankens der an Grabfunden ablesbare Ahnenkult, bezeugt unter anderem durch jene zahllosen Großsteingräber, deren älteste etwa vor 6000 Jahren in den Boden gegraben wurden. Mit dem Ahnenkult geht jenes Gefühlsgemisch aus Scheu, Schauder und Verklärung einher, das „eine religiöse Haltung dem Tod und den Toten gegenüber" schon sehr früh wahrscheinlich macht, meint Hermann Müller-Karpe in seiner *Geschichte der Steinzeit.*[6]

Eine noch um 1249 n. Chr. heidnische Bestattung bei den baltischen Pruzzen (den späteren Preußen), vor der endgültigen Unterwerfung durch den Deutschen Orden, wird von einem auf Adelsgräber spezialisierten Historiker folgendermaßen geschildert:

„Neben den Toten auf dem Holzstoß legte man sein Streitross, seinen Bogen, seine Pfeile, seinen Speer, sein Schwert oder seinen Dolch, seinen am meisten geliebten Knecht, seine Jagdhunde und Falken, und so wurde er den Flammen übergeben. Wenn der Rauch des Scheiterhaufens emporzusteigen begann, stimmten die heidnischen Priester einen Gesang an und rühmten alle Kriegs- und Heldentaten des Toten.

Sobald die Flammen am Holzstoß sichtbar waren, riefen die Priester, den Blick zum Himmel gehoben, sie sähen den Toten durch das Himmelsgewölbe auf seinem Ross, in glänzender Rüstung und mit einem Falken auf der Hand inmitten seines großen Gefolges nach der jenseitigen Welt ziehen."[7]

Über Jahrtausende hinweg werden, zwischen Alt-China und Mitteleuropa, prominente Verstorbene auf ähnliche Weise mit reichlichem „Gepäck" auf die Reise ins Jenseits geschickt; dafür werden oft nicht nur Lieblingsknechte getötet, sondern auch die Ehefrau und die Mätressen. Wie deutlich der Weg in die andere Welt als Reise aufgefasst wird, belegen Grabbeigaben wie Wagen, Boote, Schuhe und Reiseproviant. Personen, die im Diesseits priesterähnliche Aufgaben wahrgenommen haben, dürfen wahrscheinlich als Helfer im Sonnenschiff sitzen und mit der Sonne durch Tag und Nacht reisen, begleitet von allerlei Tiergestalten, unter anderem dem Pferd, das die Sonne über den höchsten Punkt des Himmels zieht.

Die berühmte Moorleiche eines 40 bis 60 Jahre alten Wikingers aus dem 2. Jahrhundert v. Chr., gefunden in Dätgen bei Rendsburg, ist furchtbar verstümmelt: Der Kopf ist abgeschlagen, das Herz durchstochen, ein Arm und ein Bein sind gebrochen worden, zudem ist der Tote kastriert. Die Wissenschaftler vermuten, der Mann sei sozusagen mehrfach getötet worden, weil man ihn für einen potenziellen „Wiedergänger" hielt: „Menschen, die zu Lebzeiten besonders gefährlich schienen oder auf eine seltsame Art starben, standen im Verdacht, nach ihrem Tod das Grab zu verlassen und die Lebenden zu bedrohen. Die nachhaltige Zerstörung des Körpers machte den Toten ‚handlungsunfähig', durch die Versenkung abseits im Moor wurde er von den Lebenden ferngehalten."[8]

Schon die primitivsten Höhlenbewohner und Jäger haben offenbar den Eindruck gewonnen, dass der Mensch nicht einfach mit seinem Körper stirbt und auf immer verschwindet. Erinnerungen, Träume und Nahtoderfahrungen, in denen man einem Verstorbenen wiederbegegnet – das gibt es schon in der Steinzeit. Sehr bald verdichtet sich die dadurch genährte

Ahnung, der Geist sei irgendwie autonom gegenüber der Körperwelt, zur konsistenteren Vorstellung von einem Jenseits, in dem der Tote fortexistiert. Dass die Hinterbliebenen ihm Keile, Hacken, Pfeilspitzen, Schmuck, Keramik und sogar Fleischbrocken, etwa vom Wildschwein, ins Grab legen, zeigt, wie körperlich dieses Fortleben gedeutet wird.

Der Tote wird durch die Beigaben statusgemäß, sichtbar für die Mitwelt, verabschiedet, geehrt, bei der Reise ins Jenseits gestützt und wohl auch genährt. Die reine Liebe und Fürsorge ist das aber nicht: Man legt nicht selten Steine oder auch die Schulterblätter von Mammuts auf die Leichen, um sie zwar vor wilden Tieren zu schützen, aber auch um die gruselige und womöglich gefährliche Wiederkehr des „lebenden Leichnams" zu verhindern. „Lebender Leichnam" meint: Der Gestorbene ist noch nicht endgültig tot; das ist er erst nach Abschluss des Verwesungsprozesses, zu einem Zeitpunkt, an dem seine Seele im Reich der Toten ankommt und zugelassen wird, wodurch sie dann auch als Mittlerin zwischen dem Diesseits und den Vorfahren aktiv werden kann.

In der jüngeren Bronzezeit, zwischen 1100 und 500 v. Chr., setzt sich in Nordeuropa die Leichenverbrennung weitgehend durch, vielleicht um den Verwesungsprozess abzukürzen. Die Grabbeigaben werden nicht mitverbrannt, weil sie im Jenseits noch gebraucht werden und wohl auch für die Nachwelt den sozialen Status des Verstorbenen erkennbar machen sollen.

Allmählich werden die Waffen, die man den Männern auf ihre Reise ins Jenseits mitgibt, durch Kleingerät zur Körperpflege, durch Messer, Pinzetten, Ohrlöffel, aber auch Trinkgefäße und Nahrungsmittel ersetzt. Arbeitsgeräte dagegen fehlen fast vollständig. „Offenbar erwartete man, im Jenseits repräsentieren zu müssen, aber nicht mehr zu arbeiten."[9]

Schon die noch für Kollektivbestattungen errichteten Großsteingräber („Megalithgräber") der Jungsteinzeit, zwischen 4100 und 1700 v. Chr., bieten mit ihren Ritualräumen Gelegenheit für die Begegnung zwischen Verstorbenen und Lebenden.

Dass man als Lebender mit den Verstorbenen Kontakt aufnehmen könne und auf diese Weise Tote und Lebende sich wechselseitig beeinflussen könnten, bleibt auch beim Übergang zur Einzelbestattung in der Bronzezeit die vorherrschende Vorstellung. Ungeklärt ist die Frage, ob dabei das Jenseits als physisch vom Leben entfernter Ort, die Grabstätte demnach als Übergangsort von hier nach dort verstanden wurde, oder ob damals schon die spätere Idee aufkam, die Geister der Toten seien allgegenwärtig, aber unsichtbar.

Jedenfalls schlägt der Ahnenkult in fast allen alten Kulturen der Erde eine Brücke ins Jenseits und mündet häufig in die Verehrung allgegenwärtiger (Familien-)Geister sowie, vermittelt über die naheliegende Verbindung von Lebenszeit und Jahreszeit, Wetter- und Naturgötter. Die Geister der Verstorbenen und der Natur treten überall auf, sie werden in der Regel gefürchtet und müssen durch Opfergaben – im Fall der Totengeister durch Grabbeigaben – bei Laune gehalten werden. Polydämonismus und Polytheismus verschmelzen dabei, sodass der Mensch auf Schritt und Tritt von großen und kleineren Geistern beatmet, bedroht oder beschenkt wird. Ein naturwissenschaftlich ernüchterter Mensch unserer Tage kann das fantastische, aber auch extrem unfreie Lebensgefühl dieser Urkultur nicht nachempfinden.

Die Dichter der Romantik (Hölderlin, Brentano) haben versucht, auch aus Protest gegen die Eindimensionalität des aufgeklärten, bloß noch Zwecke und Vorteile kalkulierenden Weltverhältnisses, die „wundervolle Märchenwelt" (Ludwig Tieck) dieses archaischen Lebensgefühls metaphorisch und durch die Erinnerung an alte Sagen, Märchen (die Gebrüder Grimm) und Lieder (*Des Knaben Wunderhorn*) neu zu beleben, um dadurch dem banal gewordenen „Gemeinen einen hohen Sinn" und „ein geheimnisvolles Ansehen" (Novalis) zurückzuerobern.

Die für uns unvorstellbaren fremdartigen Welten vorgeschichtlicher Zeiten haben bis heute ihre Anziehungskraft bewahrt: Aus dem spirituellen Gewimmel erheben sich Götter, die etwa die Sonne, heilige Bäume oder Tiere zu ihren Körpern erwählt haben. Daneben gibt es Geister, die bestimmte Elemente wie Wasser oder Feuer dirigieren, dann wiederum solche, die als Schutzpatrone bestimmter Zustände (Glück) oder Tätigkeiten (Jagd) fungieren, schließlich mausern sich einige Sippen- und Stammesgötter zu Schirmherren gewisser sozialer Gruppen.

Aus der Vielzahl überirdischer Bezugsgeister resultiert in manchen Naturreligionen eine Vielzahl feinstofflich vorgestellter Seelenkräfte, die den Menschen im Tod verlassen und auf verschiedenen Wegen entschweben: Manche bleiben in der Nähe des Grabes, andere entweichen in entfernteres Gebüsch.

Einige Südseestämme glauben an bis zu sieben Seelen dieser Art. Andere begnügen sich mit zwei Seelen: der Körperseele, der Lebenskraft des Leibes, die im Tod vergeht, und der Bildseele, der Vorstellungskraft, die als verkleinerter, häufig däumlingsgroßer Doppelgänger des Toten den Leichnam verlässt.

Die Hinterbliebenen wollen die Geister der Toten hier und da auch deshalb durch Opfergaben günstig stimmen, weil sie glauben, die in die Erde versenkten Vorfahren könnten die Felder fruchtbarer machen, wodurch auch das Vieh bessere Nahrung erhält. Andererseits könnten dieselben Ahnen, wenn die Opfergaben ausbleiben, Rache üben und Dürre oder Hagelschlag schicken.

Die feurige Seele,
Odin und der Begleitschutz im Jenseits

Je deutlicher die göttliche Sphäre mit dem Totenreich verbunden ist, desto auffälliger nähern sich die Bestattungsriten jenen Formen, in denen auch der Gottheit geopfert wird. Einen wunderbaren Beleg dafür liefert eine bronzezeitliche Grabanlage aus dem 15. vorchristlichen Jahrhundert, die 2003/2004 in Hüsby bei Flensburg entdeckt wurde. Diese Anlage, in der reichlich Goldschmuck und Waffen gefunden wurden, verbindet Grab und Kultbau auf eindrucksvolle Weise: Ein ungewöhnlich großer Hügel mit Steinkreis, zu dem eine Art Prozessionsweg hinführt, und einem kleinen Gebäude sowie schwerer goldener Armschmuck und Geräte zur Körperpflege stützen die Vermutung, hier sei eine bedeutende Persönlichkeit mit kultischen Funktionen, ein Priester etwa, bestattet worden.

Der zu dieser Zeit noch üblichen Körperbestattung folgt nach 1000 v. Chr. immer häufiger die Leichenverbrennung als Totenritual. Zum einen verhindert sie definitiv, wie gesagt, die gefürchtete Rückkehr des „lebenden Leichnams"; zum anderen ist auch ein praktischer Grund vorstellbar: Die Verbrennung ersetzt den unangenehmen Verwesungsprozess. Wahrscheinlich verbinden sich diese Motive mit dem Hauptanliegen: Das Feuer befreit die Seele des Toten aus dem Kerker des Körpers. War das verbrannte Stammesmitglied ein tapferer Krieger, kann es leicht zum Schutzgott aufsteigen, dem geopfert wird.

Manche Völker glauben, außer ihren Königen würden nur solche Heroen nach dem Tod fortleben, andere reservieren diesen den Aufstieg in eine lichte Himmelswelt, während die

Masse des Volkes in einem unterirdischen Totenreich dahindämmern darf. Eine erstaunlich theatralische Variante davon bietet die Mythologie Alt-Mittelamerikas: Bei den Azteken fallen Menschen, die durch Alter oder Krankheit zu Tode gekommen sind, in die Unterwelt. Ertrunkene, vom Fieber Dahingeraffte, vom Blitz Getroffene dürfen zum Regengott Tlaloc eilen und sich in seinem Bergparadies aalen. Gefallene Krieger und Kriegsgefangene, die dem Sonnengott dargebracht wurden, damit er weiterhin strahlt und wärmt, werden in den Himmel dieses Sonnengottes aufgenommen – was die rituell getöteten Kriegsgefangenen betrifft, so waren das bei einem einzigen mehrtägigen Fest schon mal bis zu 20 000 Seelen.

In Afrika und Australien ist der Glaube verbreitet, dass sich der Verstorbene in einer Person derselben Sippe neu verkörpern kann. Ähnliches spukt durch die altgermanische Sagenwelt. Starkad der Alte, ein Kraftknorz der *Edda*-Dichtung, erzählt, er sei ein wiedergeborener Riese, der Großvater Starkads. Auch die sprachliche Besonderheit, dass das Wort „Enkel" aus dem althochdeutschen *eninchili* sich gebildet hat, was so viel heißt wie „der kleine Ahn", der kleine Großvater, macht einen ursprünglichen Glauben an sippengebundene Wiedergeburt wahrscheinlich.

Wirklich Ruhe geben die Verstorbenen, so glaubt man in vielen Kulturen der Steinzeit, erst, nachdem ihnen der Kopf abgetrennt wurde. Schädelkulte aller Art deuten an, dass der Kopf als Sitz des Geistes besondere Verehrung genoss, aber auch Angst verbreitete. Die Steinzeitmenschen in Papua-Neuguinea haben noch bis vor gut fünfzig Jahren die Gehirne ihrer verstorbenen Angehörigen verzehrt, um für deren Seelen ein Überleben zu sichern. Ob deswegen so viele von ihnen an Kuru erkrankten, einer der Creutzfeld-Jakob-Krankheit verwandten Endemie, ist nicht endgültig geklärt. Die Infizierten konnten nur noch torkeln und stammeln, sie starben den „lachenden Tod", wie ihre Angehörigen es nannten.

Auf den ganzen Körper, nicht allein auf den Kopf bezogen sind die meisten frühgeschichtlichen Vorstellungen von der Seele. Die altgriechischen Denker Heraklit, Leukipp und Demokrit dachten sich die Seele insgesamt als Feuer, als das eigentlich vitale Element der Bewegung und des Werdens, „feuriger" als die übrigen Elemente Wasser, Erde und Luft – neben diesen, meinte Heraklit, sei das Feuer das unstofflichste Element. Wenn die Nordeuropäer der Bronzezeit die Seele mittels Feuerbestattung aus dem Leib befreien wollten, bewegten sie sich also auf den Spuren der altgriechischen Spekulation über die Elemente, aus denen das Leben besteht. In der Tat hat ja das Feuer eine paradoxe Eigenschaft, die den unberechenbaren Aufwallungen der Psyche frappierend ähnlich sieht: Es existiert, indem es sich selbst verzehrt und – am Ende – vernichtet, sein Sein ist von vornherein vom Nicht-Sein gezeichnet: wie alles heftig Lebendige.

Odin, auch Wotan („Wut") genannt, der oberste Herrscher, vor allem Kriegsherr der alten Germanen, war zugleich ein Totengott. Der Kriegsheld hat kultische Würde: Er bringt, wie der Priester, dem Gott eine blutige Gabe dar. Ähnlich wie der von religiöser Ekstase Bewegte gingen die von Odin angetriebenen Krieger rasend auf ihre Feinde los, „ohne Panzer, wild wie Hunde und Wölfe, bissen in ihre Schilde und waren stark wie Bären und Stiere. Sie massakrierten die Menschen, und weder Feuer noch Stahl waren ihnen gewachsen. Man nannte dies die Wut der Berserker (‚Krieger in der Hülle: *serk* – von Bären'). Man kannte sie auch unter dem Namen ulfhedhnar, ‚Mann im Wolfsfell'."[10]

Odin sammelt die am heftigsten gefürchteten Krieger um sich – für die Endschlacht, das Eschaton namens *ragnarök*. Die berühmten Krieger werden von den Walküren in den himmlischen Palast geführt, in die „Walhalla". Sie werden dort von Odin empfangen, danach halten sie sich fit für die letzte Schlacht um die Weltherrschaft des Guten, aus der Odin, der wichtigste aller Welturheber, als Sieger über alle göttlichen Neider und Gegner hervorgehen muss.

Kosmische Ordnung, Ahnenkult und Fruchtbarkeitsriten bilden in jenen Jahrhunderten mythologisch-religiöse Zusammenhänge, die in der Moderne mit Begriffen wie Astronomie, Familie und Natur beschrieben, in ihrer elementaren Wirkung auf das menschliche Leben bestätigt, aber auch banalisiert und versimpelt werden. Über die unterschiedliche Deutung der geheimnisvollen Wechselwirkungen zwischen diesen drei Mächten des Lebens entwickeln die Kulturen der Alten Welt immer neue Distinktionsprofile.

Der Himmelsgott im China des ersten Jahrtausends v. Chr. ist T'ien (Himmel) oder Shang-ti (Herr von oben). Er wohnt im Sternbild des Großen Bären und beschützt den König, den „Himmelssohn". Nur der König darf (und muss) ihm opfern, entsprechend dem Rhythmus der Jahreszeiten. Hüterin des Saatgutes ist allerdings eine Frau: die Königin. T'ien sieht und durchschaut alles.

Der Herrscher eines agrarischen Kleinkönigtums, der „unvergleichliche Mensch", stärkt seine Autorität vor allem durch exklusive Beziehungen zu seinen königlichen Ahnen, durch Teilhabe an deren privilegierten Beziehungen zu T'ien. Diese ihrerseits sind abhängig von den Opfergaben, die man ihnen bringt: Im „Himmelsauftrag" werden den Vorfahren, aber auch den anderen Göttern, zumal den für die Fruchtbarkeit der Felder zuständigen, jede Menge Getreide und Fleisch dargebracht, in heiligen Gebäuden oder Grabkammern, aber auch mitten auf dem Feld.

In manchen Königsgräbern wurden neben Tierskeletten zahlreiche Menschenopfer gefunden – Angehörige und Diener, die den König ins Jenseits begleiten mussten. Auch die Skelette von Pferden und Hunden waren dabei. Sie dokumentieren die Bedeutung der Jagd für den jeweiligen Herrscherclan. Es gab auch Menschenopfer im Zusammenhang mit bedeutenden

Neubauten, etwa Tempeln oder Palästen. Die Gebäude wurden als „neue Körper" für die Seelen der Geopferten aufgefasst. Diese Seelen sollten die Unvergänglichkeit des Gebauten sichern helfen, was nur plausibel ist, wenn es sich um ihrerseits unvergängliche Seelen handelt.

Seit 1974 wurden in der Nähe der ehemaligen Hauptstadt der Qin-Dynastie, Xianyang, tausende lebensgroße Tonfiguren aus dem Grab von Qin Shi Huangdi geborgen, jenem Herrscher, der im dritten vorchristlichen Jahrhundert sechs Kleinstaaten unterwarf und zu einem „Reich der Mitte" vereinte, Währung, Schrift und Maße vereinheitlichte, aber auch – 213 v. Chr. – die erste Bücherverbrennung der Geschichte veranlasste, im Rahmen der Unterdrückung des Landadels und der Konfuzianer. Die Tonfiguren mit den erstaunlich differenzierten Gesichtern bilden eine komplette Unterweltarmee: Krieger mit Streitwagen und Pferden, Bogenschützen, Kavalleristen und einfache Wachsoldaten. Diese Figuren repräsentieren jene realen Menschen und Tiere (Hunde, Pferde), die tausend Jahre früher noch mit Fleisch und Blut geopfert wurden.

Die derart martialisch beschützten Grüfte des Herrschers nehmen etwa eine Fläche von 20 000 Quadratmetern ein, über 700 000 Handwerker und Arbeiter mussten in zehnjähriger Fron dieses imposante unterirdische Mausoleum bauen und ausschmücken.

Qin Shi Huangdi, der Kaiser mit den stechenden großen Augen, der nicht minder großen Nase, der „Stimme eines Schakals" und dem „Herzen eines Tigers", ist es, der den Bau der Großen Mauer befahl. Er will aber nicht nur unbesiegbar, sondern auch unsterblich werden. Darum folgt er dem Rat magisch begabter Gelehrter, die ihm anvertrauen, auf gewissen Götterinseln im Ostmeer wachse ein Kraut, das ewiges Leben spende – auf Inseln, wo alle Tiere „völlig weiß" seien und die Paläste aus Gold und Silber bestünden. Die vom Kaiser losgeschickten Seefahrer bringen ihm kein Wunderkraut, dafür die Botschaft, ein Gott wolle helfen, verlange aber erst einmal hundert Jünglinge und Jungfrauen aus guten Familien sowie hundert Handwerker, und wenn diese überbracht seien, gebe er dem Kaiser ein „Lebenskraut".

Der Kaiser reagiert prompt: Er schickt ein Boot mit den geforderten jungen Leuten, ausgestattet mit genügend Saatgetreide für eine lange Reise. Diese Menschen kehren nie zurück, angeblich sind sie eines Tages in Japan gelandet.

Qin Shi Huangdi baut und unterhält zahlreiche Paläste, in denen Diener, Gaukler, Sänger, Schauspieler und etwa tausend Haremsfrauen wohnen. Beim Tod des Kaisers müssen alle jene Haremsdamen, die kinderlos geblieben sind, ihm ins Jenseits folgen – dieses Blutopfer kann nicht durch Tonfiguren simuliert werden.

Der Sonnengott und Osiris,
die Sonne der Nacht

Kaum eine Kultur der Frühgeschichte hat mehr Götter als die altägyptische – sie hat rund tausend –, und kaum eine hat sich intensiver mit dem Tod beschäftigt als diese. Das ist nicht verwunderlich. Der Tod ist eine Grenzerfahrung für jeden Menschen, sowohl der erlebte der anderen als auch der erwartete eigene. Und Götter sind Grenzhüter, als selbstständige Wesen sind sie imaginäre Repräsentanten des Übergangs vom Bekannten zum Unbekannten, vom Alltag zum Unerklärlichen, das ihn eigentlich erst ermöglicht. Jahrtausendelang war für die Ägypter der Tod kein Endpunkt der Existenz, sondern ein neuer Anfang in einer anderen, ebenso vertrauten wie geheimnisvollen, penibel geregelten und attraktiveren Welt.

Vor allem durch den Tod kann die Menschenseele den Göttern begegnen. Etwa dem Sonnengott Re, mit der Sonnenscheibe auf dem Kopf, alias Amun-Re alias Horus alias Harachte, der als Atum in den zwölf Stunden der Nacht müde wird und dramatisch altert, dabei aber die Verstorbenen mit seinem Licht erquickt und am Morgen verjüngt zum Himmel steigt. Re hat eine mächtige Tochter: die Göttin Maat, Repräsentantin der ursprünglichen Weltordnung, dargestellt mit einer langen Feder als Kopfschmuck.

Vor der synkretistischen Einreihung in den Sonnenkult, die auch dem pharaonischen Wappengott Horus, dem Falkengott, widerfuhr, ist Atum der Schöpfergott von Heliopolis, Herr der feuchten wie der trockenen Winde, einer, der durch Masturbation oder Speichel anderen Göttern Lebenskraft spendet.

Re ist der Hauptgott; Amun-Re, Horus und die anderen sind seine verschiedenen Erscheinungsweisen, die nach ursprünglich eigenständigen Gottheiten mit anderen Spezialisierungen benannt werden. Tendenziell strebt trotz des Göttergewimmels am ägyptischen Zenit die außergewöhnliche Religion der Nilkultur zum Monotheismus, hin zu dem einen dominierenden Sonnengott.

Entscheidend für das Schicksal der Seele eines Verstorbenen ist der Termin beim Totenherrscher Osiris, der Sonne der Nacht, lange der Gott des toten Königs, dann der Gott jedes Verstorbenen. Dieser Gott wird von seinem Bruder Seth getötet und zerstückelt, seine liebende Schwester und Frau Isis sammelt die zerstreuten Glieder ein und setzt sie zusammen. Sein Sohn Horus stellt die zerbrochene Ordnung wieder her: Er wird zum Stammvater des pharaonischen Königtums. Pharao heißt „Großes Haus", der so Genannte gilt als Sohn des (Sonnen-)Gottes: „Sohn des Re".

Osiris und seine 42 Totenrichter lassen den Delinquenten seine Sünden bekennen und überantworten sein Herz, nachdem sie es auf eine Waage gelegt haben, entweder einer höllischen „Fresserin" oder, nachdem es von allen Sünden „gereinigt" wurde, einem seligen Leben auf eigenen Äckern, im verklärten, in Wohlgerüche gehüllten Leib (die Mumienbinden werden gelöst, der Phallus richtet sich auf) und mit „Gottesaugen" für den Glanz der Sonne. Mörder, Lügner oder Diebe, die vor dem Totengericht keine Gnade finden, werden über die „Fresserin" übel riechenden, grausamen Ungeheuern ausgeliefert, die sie quälen und verstümmeln. Feuer speiende Schlangen verbrennen am Ende die Schurken durch den „Gluthauch" ihrer Mäuler, in einem stinkenden Feuersee werden Körper, Seele und Schatten der Bestraften schließlich gekocht und vernichtet (das Höllenfeuer der Christen ist hier vorgezeichnet).

Eine derartige Verknüpfung der moralischen Bewährung zu Lebzeiten mit der richtenden Instanz im Jenseits ist im antiken

Babylon und Assur unbekannt, obwohl es auch ein mesopotamisches Jenseits der Seele gibt. In Babylon glaubt man: Schon auf Erden werden gute Taten belohnt, schlechte bestraft. Im Totenreich, das von sieben Wällen und Toren gesichert wird, herrscht die Göttin Alatu über staubige Geisterkreaturen, die in der Finsternis Lehmklöße kauen und trübes Wasser trinken, sofern ihnen nicht die Hinterbliebenen delikatere Kost in die Grabkammern schaffen. Die in einer Schlacht Gefallenen dürfen immerhin ihren Durst mit klarem Wasser stillen.

In der ägyptischen Unterwelt ist mehr los. Schon deshalb, weil die Seele noch nicht als einheitliches Wesen, sondern vielgestaltig, als buntes Gewimmel verschiedener Wesen, als eine Person aus Personen vorgestellt wird. Name und Schatten sind solche Wesen, eines heißt Ba und wird dargestellt als Vogel mit Menschenkopf. Ba hat einen leidenschaftlichen Seelenbruder namens Ka. Der wird durch zwei parallel erhobene Arme, die zum Himmel (Sonnengott?) zeigen, dargestellt und ist für die Lebenskraft von Göttern und Menschen, für die aus der Nahrung gewonnene Energie sowie für die Potenz und andere Anlagen zuständig, die der Vater auf den Sohn vererbt. Außerdem gibt es den „Ach", den „Geist", der sich bis spät ins Koptische erhalten hat und dort so viel heißt wie „Gespenst".

Im Augenblick des Todes fliegt Ba dem Menschenkörper davon, aber das hindert diese Seelengestalt nicht daran, jenes Schlemmermahl aus Fisch, Brot, Bier oder Früchten zu genießen, das die Angehörigen des Verstorbenen in der Grabkammer deponieren. Ba und Ka verlassen den toten Körper und kehren zu ihm zurück – dazu muss er aber gut konserviert sein. Wenn er verwest, werden sie ausgelöscht.

Auf die weite, gefahrvolle Reise ins Jenseits wird der wohlhabende, eben erst verstorbene Ägypter unter der Aufsicht des schakalköpfigen Anubis, eines göttlichen Schutzherrn, vorbereitet: Vor der eigentlichen, von Gebeten begleiteten

Einbalsamierung des Körpers, etwa mit kostbaren Fetten, Mum (Wachs, daher der Ausdruck „Mumie") und Zedernöl, werden Gehirn (mit einem Draht durch die Nase) und Eingeweide entfernt, getrennt behandelt und auf vier Krüge verteilt. Das Innere des Körpers wird mit Wein und Kräuteressenzen ausgewaschen, erst danach wird die Leiche in eine Salzlösung gelegt, getrocknet, gesalbt, geschminkt und in Leintücher gewickelt. Die ganze Prozedur im „Haus des Todes" dauert dreißig, manchmal sogar siebzig Tage.

Arme Leute, die sich die aufwendige Mumifizierung ihrer Angehörigen, auch die einfachste Präparation für eine Massengruft nicht leisten können, verscharren die nur mit billigen Salbmitteln behandelten Leichen im Wüstensand, nicht selten heimlich in der Nähe eines Prominentengrabes, in der Hoffnung, vom Totenopfer für den Reichen werde etwas auf den Armen hinüberstrahlen.

„Der Aufwand", schreibt der Althistoriker Manfred Clauss in seinem Buch *Das alte Ägypten*, „den man mit den Toten wie mit ihren Gräbern trieb, bezeugt eine erstaunliche Gewissheit, im Jenseits eine zwar vertraute, aber bessere Welt vorzufinden".[11]

Lokalisiert wird das Jenseits mal in der westlichen Wüste, wo der Sonnengott die Erde verlässt, mal im Sternenhimmel (bei den Griechen der Palast der olympischen Götter), mal in einer recht diesseitig ausgemalten, düsteren Unterwelt tief in der Erde. Die älteste Vorstellung ist wohl die Identifikation des Jenseits mit der westlichen Weltgegend, in der die Sonne untergeht: Schon im 4. Jahrtausend v. Chr., in der Negade-Zeit, werden die Verstorbenen mit Beigaben des täglichen Bedarfs in von Steinen gesicherten Sandgruben in Hockstellung beerdigt, und zwar so, dass der Kopf gewendet ist, als schaue er auf die sinkende Sonne.

Eines der ältesten Herrschergräber dieser archaischen Kulturepoche besteht aus einer etwa neun mal sieben Meter großen Grube, die, seitlich durch Holzplanken abgestützt, zwölf verschiedene Kammern hat – ein kleiner Palast für König Skorpion I. in der Nähe der oberägyptischen Stadt Abydos.

Zu dieser Zeit identifizieren sich Könige mit Tiermächten wie Skorpion, Falke, Fisch, Elefant, Stier, Storch oder Rind („König Rinderkopf"), weil sie generell von der göttlichen Überlegenheit des Tieres ausgehen, das sich oft schneller und in anderen Elementen (Luft, Wasser) bewegt, als es der Mensch vermag.

Unter den Grabbeigaben für Skorpion I., meist aus Knochen oder Elfenbein gefertigt, fand sich das königliche Zepter, ein Hirtenstab, dessen Bild als Hieroglyphe (Lautwert „Heka") für die Bedeutung „Herrscher, herrschen" in die ägyptische Schrift aufgenommen wurde – noch heute verwenden Bischöfe und Päpste dieses Zeichen als Insignie ihrer Amtswürde. Neben verschiedenen Kisten und Schreinen gehörte zu den Grabbeigaben auch ein Schatz von 400 Weinkrügen aus palästinensischer Produktion.

Anfang des 3. Jahrtausends herrschte der Pharao Horus Djer, immerhin 47 Jahre lang. Er kämpfte erfolgreich gegen eindringende libysche Stämme und so genannte „Asiaten". Sein Grab im oberägyptischen Abydos galt Jahrhunderte später als Grab des Osiris. In der Umgebung lagen 595 Gräber für Untertanen, die am Tag der Beisetzung des Herrschers getötet wurden und mit ihm zusammen die Reise ins Jenseits antreten mussten. Der königliche Anspruch auf solche Begleitung wurde im Lauf der Zeit reduziert: Anstelle von Pharao Horus dem Schneidenden (2889 bis 2842 v. Chr.) regierte einige Jahre, als er noch unmündig war, seine Mutter Meretneith. Auch sie ließ sich in Abydos eine Grabanlage bauen. Ihr wurden nurmehr 41 Diener und Dienerinnen ins Jenseits mitgegeben. Dass es weniger Begleiter waren als noch bei Horus Djer, hat nichts mit ihrem Geschlecht zu tun. Horus Semerchet (2836 bis 2828 v. Chr.) nahm kaum mehr Gefolge mit den Tod: 69 weibliche und männliche Diener.

Die späteren Pyramiden über den Grabkammern der Könige sind regelrechte Residenzen für die Ewigkeit. Die Stufenpyramide des Pharaos Djoser in Sakkara, der älteste monumentale Steinbau der Geschichte, vor der Mitte des 3. Jahrtausends entstanden, galt als große Treppe zum Himmel: Über sie konnte der Pharao in die Ewigkeit aufsteigen und als „Göttlichster der Götterschaft" schließlich „unter den Sternen sitzen" (die Pyramide wird auch „Sternenzelt" genannt). Der Himmlische garantierte den Untertanen, die am Bau beteiligt gewesen waren, gleichfalls Unsterblichkeit.

Die Geschichte wurde von den alten Ägyptern nicht als fortschreitender Prozess auf ein triumphales oder katastrophales Ende hin verstanden, sondern als ständig sich wiederholender Zyklus nach dem Vorbild von Tag und Nacht – als gleichförmiger Rhythmus des Aufblühens, Starkseins, Hinsiechens, Sterbens und der Regeneration. Wie die Menschen vermochten auch Götter zu sterben, sie konnten sich aber regelmäßig erneuern. „Ewigkeit" meint hier also keinen statischen Zustand.

Der oberste Herrscher war der Sonnengott, den der Pharao Echnaton als Aton zum Alleingott erhob, was nach Echnatons Tod widerrufen wurde. Dieser bizarre König schaffte die Vielgötterei ebenso ab wie das düster-bunte Jenseits. „Nur die Gnade Echnatons", des Gottessohnes, sicherte dem Verstorbenen fortan „ein Weiterleben nach dem Tode", wo er „Aton schauen und den König zum Tempel begleiten konnte, um Anteil an den Opfergaben zu haben", schreibt der Schweizer Ägyptologe Hermann Alexander Schlögl in seinem Kompendium *Das alte Ägypten*.[12]

Leben und Tod erstarren zur monarchischen Gottesschau. Die einsame Spitze der Pyramide, dieses Denkmals der Ewigkeit, ist die Krone und der Maßstab der gesellschaftlichen Ordnung.

Orpheus, Hades, Elysion:
Ekstasen und Qualen

Das Jenseits der alten Griechen erinnert in vielerlei Hinsicht an das Schattenreich der Ägypter, vor allem in der aus Thrakien stammenden orphischen Lehre, die sich zum Beispiel im Dionysoskult festlichen Ausdruck verschafft. Bei den ländlichen Dionysien im Dezember, gewidmet dem Gott des Weines und der Fruchtbarkeit, einem von vier Dionysosfesten im Jahr, trägt ein singender Maskenzug Fackeln und einen großen Phallus durch die Gegend. In seinem Theaterstück *Die Bakchen* (um 406 v. Chr.) dramatisiert Euripides die Geschichte, an die solche Maskenzüge erinnern: Er schildert, wie Dionysos, verärgert darüber, dass sein Kult in Griechenland noch unbekannt ist, mit einer Gruppe von begeisterten Frauen (Mänaden) aus Asien nach Theben kommt, in den Geburtsort seiner Mutter Semele, die von keinem Geringeren als Zeus selbst geschwängert worden war. Semele wollte Zeus, der sich ihr in Menschengestalt genähert hatte, auch in seiner göttlichen Gestalt sehen. Diesen Wunsch hat sie mit dem Leben bezahlen müssen, weil Zeus ihr als Gott des Blitzes erschienen ist. Daraufhin hat der Gott den kleinen Dionysos in seinem Oberschenkel ausgetragen.

Semeles Schwestern leugnen diese Herkunft des Dionysos aus der Vereinigung von Gott und Mensch, werden dafür von Zeus mit Wahnsinn (*mania*) geschlagen und stürzen, zusammen mit anderen Frauen, in die nächtlichen Berge und Wälder, wo sie sich rauschhaft orgiastischen Riten hingeben; von Rehfellen bekleidet und mit Schlangen gegürtet, schlagen sie

Wein aus dem Fels und Milch aus dem Boden, zerstückeln mit „tausendfacher Frauenhand" sogar Stiere, deren rohes Fleisch sie lärmend verzehren.

Diese Raserei wird als Besessenheit von Gott erlebt und gedeutet; als ekstatische, befreiende „Überschreitung der menschlichen Bedingtheit" (Mircea Eliade), der Grenze zwischen Leben und Tod, als rauschhafte Identifikation mit einem Dionysos, der für die Einsicht steht, dass fruchtbares neues Leben den Tod fremden, im Idealfall schon gealterten Lebens voraussetzt (das gilt bereits für die Pflanzenwelt, erst recht für alle Fleisch fressenden Lebewesen) und dass dieses neue Leben irgendwann selbst in den Tod mündet.

Dionysos, der entgrenzende Rauschgott, versinnbildlicht die pessimistische Weisheit: Der Tod beendet nicht nur das Leben, er ermöglicht es auch; und die Vorwegnahme der existenziellen Entgrenzung, die er uns aufzwingt, kann zu einem furios befreienden Erlebnis führen. Der vorsokratische Philosoph Heraklit (um 550 bis 480 v. Chr.) meint letztlich dies mit seiner Sentenz: „Hades und Dionysos" seien „ein und dasselbe".

Darum gilt auch Hades nicht nur als Totengott, sondern ebenso als Gott der Fruchtbarkeit.

Als Zeus' finsterer Bruder Hades die schöne Persephone umwirbt, die Tochter der Fruchtbarkeitsgöttin Demeter, lässt er vor ihren Augen eine wunderbare große Blume aus dem Boden sprießen. Als sie diese pflückt, öffnet sich die Erde, und Hades erscheint mit einem prächtigen Pferdegespann – obwohl die Griechen erfolgreiche Pferdebändiger sind, erscheint ihnen das Pferd unheimlich, es gilt als unberechenbar-dämonisch und passt insofern in die Hemisphäre von schwer kalkulierbaren, lebensgefährlichen Grenzverletzern wie Hades oder dem Meeresgott Poseidon.

Plutarch (um 46 bis 120 n. Chr.), Historiker und von Platon beeinflusster Philosoph, schildert eindrucksvoll, wie er sich das erwartete eigene Sterben in Verbindung mit einem Mysterienkult vorstellt: „Dann erlebt die Seele etwas von der Art wie diejenigen, die in große Mysterien eingeweiht werden [...]. Umherirren zuerst, ermüdende Umläufe, ängstliches Gehen im Dunkel, das kein Ziel findet; dann unmittelbar vor dem Ende all das Furchtbare, Schauder, Zittern, Schweiß und Staunen. Dann kommt ein wunderbares Licht entgegen, reine Räume, Wiesen nehmen uns auf, es gibt Stimmen, Tänze, Feierlichkeit heiliger Worte und heiliger Erscheinungen: inmitten von ihnen ist der Vollendete, Geweihte frei und gelöst geworden, er geht umher, bekränzt, und feiert das Fest in Gemeinschaft mit heiligen, reinen Menschen, und er sieht herab auf die ungeweihte, ungereinigte Menge, die in Schlamm und Nebel unter seine Füße getreten wird."[13]

Was im dionysischen Kultfest – das die Römer später verboten haben – nachgespielt wird, um die Seele beinahe todesnah zu „reinigen", für die alltäglichen Beschränkungen zu entschädigen und dadurch auch zu festigen, spiegelt zugleich das Todesverständnis dieser Lehre: Die im Tod vom „Gefängnis" des Körperlichen frei gewordene Seele, die aus göttlicher Sphäre kommt, wird vom schönen, listigen Götterboten Hermes in den jenseitigen Hades geführt und dort vor ein Gericht gestellt. Dieses versenkt den Frevler im schrecklichen Schlammpfuhl oder zwingt ihn, Wasser in einem Sieb zu tragen.

Dem Tugendhaften aber beschert es ein „sanfteres Los" im Reich der Unterirdischen, „auf der schönen Wiese am tiefströmenden Acheron", mit einem vegetarischen „Mahl der Reinen" bei den Göttern der Tiefe, zu dem auch das Erlebnis der „ununterbrochenen Trunkenheit"gehören kann, wie der – von Friedrich Nietzsche verehrte – Erwin Rohde in dem 1894 erstmals erschienenen Buch *Psyche – Seelencult und Unsterblichkeitsglaube der Griechen* anmerkt.[14]

In der Tiefe verbringt die Seele jedoch nur eine Zwischenzeit, die den Tod von der nächsten Wiedergeburt trennt. Hartnäckig strebt sie zurück zum Licht. In immer neuen Verkörperungen, in denen sie auch jeweils für früheres Versagen büßt, vollendet die Seele, auf der Stufenleiter des Glücks stetig höher steigend, irgendwann den Kreis der Geburten. Danach verbleibt sie, so Rohde, nicht etwa im Reich des Hades, der auch „Zeus der Unterwelt" heißt, sondern bei den überirdischen „Wohnplätzen der verklärten Geister" zwischen den Sternen, im „ungebrochenen Glanz der Gotteswelt, den kein irdisches Auge verträgt". „Glänzend" ist die Grundbedeutung des Götternamens Zeus.

Bei alldem ist die Seele unsterblich, auch die der Sünder und Unerlösten kann nicht untergehen. Denn sie stammt von den Göttern und ist darum göttlich.

Außerhalb der orphischen Lehre gilt „Psyche" meist als Lebenskraft, die den sichtbaren Körper bewegt und belebt und darum auch nicht getrennt von allem Körperlichen vorstellbar ist. „Psyche" wird dann gedacht als geistig-körperliches Eigenwesen, das als eine Art „Doppelgänger" (E. Rohde) im menschlichen Körper wohnt und diesen dann auch im Tod verlässt, um im Hades ein trübes Schattenleben zu führen.

Ob der Begründer der orphischen Geheimlehre und apokryphe Autor magisch-religiöser Schriften mit dem sagenhaften Sänger Orpheus identisch ist, wird bezweifelt. Es gibt einen alten thrakischen Gott namens Orpheus, in der Regel wird der magische Sänger aber mit ihm identifiziert oder zumindest als eine seiner Gestalten betrachtet. Im Mittelalter wurde Orpheus zuweilen mit Christus gleichgesetzt, der die Menschen dem über sie herrschenden Fürsten der Finsternis entrissen und ins Schiff des Lebens geholt habe.

Der Musiker Orpheus ist der Sohn der Muse Kalliope und des thrakischen Königs Oiagros, manchmal Apollon genannt. Er ist ein begeisterter Anhänger des Dionysos, wandert durch die griechische Literatur seit dem 6. Jahrhundert v. Chr. Seiner Gestalt verdankt die Welt, trotz Dracula und anderer Zombie-Gruselmärchen, die eindrucksvollste Unterweltstory überhaupt: Orpheus ist ein so begnadeter Musiker, dass alle Menschen, Tiere und sogar Bäume ihm folgen, um zu hören, was er zum Klang seiner Lyra, eines Saiteninstruments, singt. Selbst Flüsse stehen still, wenn Orpheus die Welt verzaubert.

Dieser Wunderknabe liebt Eurydike, eine Baumnymphe. Als sie vor einem aufdringlichen anderen Herrn flieht, tritt sie auf eine Schlange, wird gebissen und stirbt. Orpheus will sie zurückhaben, steigt in das Reich des Hades hinab und verhext diesen und alle anderen Schattengeister durch seine Musik. Seine Bitte wird erhört. Er darf Eurydike ins irdische Leben zurückholen, aber sich nicht nach ihr umdrehen, bevor sie die Oberwelt erreicht haben.

Natürlich kann der Liebeskranke nicht an sich halten und blickt vorzeitig zurück – Eurydike entschwindet im selben Moment. Warum schaut er zurück? Die einen sagen: Er hat ihre Schritte nicht mehr hören können und wollte wissen, warum; die anderen vermuten: Sehnsucht und Neugier haben ihn einfach übermannt. In der von Christoph Willibald Gluck komponierten Opern-Version *Orpheus in der Unterwelt* (1762) ist es Eurydikes Klage über die mangelhafte Zärtlichkeit des Sängers, die diesen verführt, ihr das Gegenteil zu beweisen, indem er sich ihr übereifrig zuwendet.

Aus welchem Grund auch immer: Jedenfalls ist Eurydike – nicht in allen Opern-Versionen, aber doch im Kernmythos – endgültig tot, und die Folgen sind unschön. Weil Orpheus fortan trauert und die Frauen verschmäht, reißen ihn enttäuschte Mänaden, dionysisch verzückte Frauen, zornig in Stücke (auch der junge Dionysos wird einmal zerstückelt: von Titanen, die aber nicht verhindern können, dass Athena sein Herz rettet). Kopf und Lyra des Klangverführers werden am Strand der Insel Lesbos angeschwemmt; der abgetrennte Kopf singt noch. Auf Lesbos entsteht ein Orpheus-Orakel und jene homoerotische Lyrik, für deren Frühzeit der Name der Dichterin Sappho steht. Ein Dieb, der sich zwischendurch mit der

Leier des Wundersängers davongemacht hat, wird von Hunden zerfetzt wie Orpheus von den Mänaden.

Diese wunderbare, vielfach vertonte, 2005 von Helmut Dietl unter dem Titel *Vom Suchen und Finden der Liebe* suggestiv verfilmte Unterweltsage enthält eine schamanische Urszene. Sie gehört nicht nur zu einem Reinigungsritus der orphischen Sekten, sondern wird auch in vielen anderen archaischen Kulturen nachgespielt, vor allem in Indien.

Demnach ist der Abstieg in die Unterwelt, den der meist von Rauschmitteln beflügelte Schamane in der Ekstase wagt und für andere vorempfindet, die Probe für den üblichen Gang der unzerstörbaren Seele nach dem Tod. In der Regel gilt dies als Anfang eines wahren Lebens, als Phase der Läuterung, die tausend Jahre dauern kann, nach denen die Seele dann auf die Erde zurückkehrt: in einem anderen Lebewesen. Die Seele muss insgesamt zehnmal wandern, bevor sie erlöst im Schoß der Götter ruhen darf.

Weil ein getötetes Tier die Seele eines Verwandten in sich haben kann, essen die Anhänger dieser Theorie kein Fleisch – was sie im frühen Griechenland automatisch in Opposition zu den blutigen offiziellen Tieropferkulten gebracht hat.

Wie konkret sich die Menschen damals die Unterwelt vorgestellt haben, illustrieren detaillierte Weg- und Geländebeschreibungen. Das Königreich des Hades liegt im fernen Westen, das Tor zur Unterwelt ist das Tor der sinkenden Sonne. Die Welt der Toten, angefüllt mit Phantomen entkräfteter, schemenhafter, farblos gewordener Menschen, ist, gleichgültig von welcher Seite man sich ihr nähert, von der der Lebenden durch ein riesiges Wasser getrennt – es besteht aus gewaltigen Flüssen mit Namen wie Styx (der Verabscheuungswürdige), Acheron (der Kummervolle, auch als See vorgestellt) oder Lethe (das Vergessen). Hier wie in anderen Kulturen ist die Reise ins Jenseits eine Schiffsreise. Der Weg ins offene Wasser ist auch in anderen Kulturen das ideale Bild für die Entgrenzung der Seele. Fährmann Charon muss für seine Dienste bezahlt werden, deshalb begräbt man den Toten mit einer kleinen Münze im Mund, dem *obolos* (daher unsere Rede vom Obolus im Sinne einer kleinen Geldspende).

Besonders gute Menschen kommen nicht in den Hades, sondern, mit Körper und Psyche, zu den letzten Wohnungen der Rechtschaffenen, die aber zuweilen auch als Teil der Unterwelt imaginiert werden, der vom dunklen Schattenreich wiederum durch große Gewässer getrennt ist. Der Lyriker Pindar (um 522 bis nach 446 v. Chr.) malt in der zweiten *Olympischen Ode* dieses Elysion als Inselparadies aus: „Dort umwehen die Insel der Seligen Lüfte des Okeanos, und goldene Blüten flammen da, einige auf dem Land an herrlichen Bäumen, andere nährt das Wasser. Aus diesen winden sie [die Seligen] Girlanden um ihre Hände und flechten sich Kränze. Dort liegen vor ihrer Stadt Wiesen mit purpurnen Rosen, beschattet vom Weihrauchbaum und schwer beladen mit goldenen Früchten. Einige freuen sich an Pferden und am Ringkampf, andere am Brettspiel, wieder andere an der Leier, und jede Art von Glück blüht bei ihnen in segensreicher Fülle. Wohlgeruch breitet sich über die liebliche Flur, während sie alle Arten von Räucherwerk auf den Altären der Götter im weitleuchtenden Feuer zu mischen pflegen."

Die krasse Gegenwelt zum Elysion ist der Tartaros, jener Hadesteil, in dem die Bösen gequält werden: die Strafkolonie. Dort treffen wir Tantalos (lateinisch: Tantalus), den Namensgeber der schon im Altertum berühmten „Tantalusqualen". Sein Verbrechen: Um die Allwissenheit der Götter zu testen, hat er sie bei einem Festmahl mit dem Fleisch seines Sohnes Pelops bewirtet und zugesehen, ob sie es von dem eines Tieres würden unterscheiden können. Demeter aß einen Schulterbrocken, die übrigen Götter entdeckten den Betrug (und holten Pelops ins Leben zurück). Ihre Strafe: Tantalos muss ewig Hunger und Durst erleiden; das Wasser eines Teichs plätschert gegen sein Kinn, weicht aber zurück, sobald er zu trinken versucht.

Außerdem schwebt über seinem Kopf ein Felsen, der jeden Augenblick herunterzustürzen droht: Auch die Furcht davor ist eine „Tantalusqual".

Der Philosoph Pythagoras (um 570 bis 500 v. Chr.) war ein Orphiker. Er dachte, der Kosmos sei beherrscht vom Atem; und er lehrte zugleich, dass letzten Endes „alles Zahl ist". Auch in späteren Jahrhunderten sind es immer wieder die Mathematiker, die Zahlenmenschen, die besonders empfänglich sind für das vermeintliche Gegenteil: die Psyche, den Atem, das Spirituelle in allem Exakten des Alls.

Eines Tages steigt Pythagoras, so eine Legende, in den Hades hinab und trifft dort die Seelen der Dichter Homer und Hesiod; sie müssen Jahrhunderte dafür büßen, dass sie so viel Schlechtes über die Götter und deren Intrigen verbreitet haben.

Pythagoras – und das ist keine Legende – hat allen Ernstes behauptet, er könne sich an seine frühere Existenz, über die läuternde Vergessensbrücke im Hades hinweg, konkret erinnern: Seine Seele habe unter anderem als die des tapferen Helden Euphorbos im Heer der Griechen gegen die Trojaner gekämpft.

In dieser Vorstellungswelt kann übrigens die Zahl der Seelen weder größer noch kleiner werden. Die Götter haben eine gleichbleibende Zahl von Seelen geschaffen, die sich zyklisch mit immer neuen Körpern verbinden. So denken typischerweise archaische Jäger und Sammler, die weder Tierzucht noch Pflanzenanbau kennen und deshalb einen Horror vor einer Welt haben, in der immer mehr Hungrige sich um schrumpfende Nahrungsreserven in Wald und Feld streiten.

Die Lebenden kommen also von nirgendwo anders her als von den Toten. Die ambitionierte Grabkultur der Antike, der die Nachwelt so viele Kunstwerke verdankt, erklärt sich erst aus dieser Überzeugung. Alle jeweils Lebenden sind Rückkehrer aus dem Reich der Toten. Gräberkultur ist eigentlich Lebenskunst. Sie darf heiter sein.

Platon, Aristoteles, Plotin:
Die Vernunftseele

Aus der orphischen, wohl aus Indien übernommenen Idee der Seelenwanderung hat der Athener Philosoph Platon (427 bis 348/47 v. Chr.), in den Dialogen *Menon*, *Phaidros* und vor allem *Phaidon*, erstmals den strikten Begriff eines seelischen Wesens, einer sich gleichbleibenden Substanz (*ousia*) entwickelt. Wenn die denkende, nicht-sinnliche Seele, sagt Platon, nicht-sinnliche Ideen, reine, bleibende Modelle des Wirklichen erkennt, etwa das Wesen der Zahl Zwei oder des perfekten Kreises, so kann sie dies nur aufgrund ihrer Wesensverwandtschaft mit dem Erkannten – dem ideellen Kreis kommt der real gezeichnete nahe, ohne mit ihm identisch zu werden, denn jeder gezeichnete Kreis kann als Zusammenfügung extrem kurzer, notfalls immer kürzer angesetzter Geraden dargestellt werden, also als Produkt einer wesentlich anderen Idee, der Gerade eben, was bedeutet, dass er die eigene Idee verfehlt.

Die mit dem reinen Bleibenden wesensverwandte Seele bleibt selbst – *einai aei kata auta*, „immer sein als dasselbe". Alles Sinnliche entschlüpft uns bereits unter den Händen, während wir davon reden; es verändert sich allein schon dadurch, dass es von Moment zu Moment älter wird. Nicht so der Begriff – etwa der Hand – oder die Idee – etwa der Gerechtigkeit.

Das Bleibende war auch schon immer. Darum erlebt die Seele Erkenntnis als einen Akt des Wiedererkennens, der „Aha"-Erleichterung wie nach dem Wiederfinden eines verlorenen und dringlich gesuchten Gegenstands – Platon deutet es als Erinnerung an früheres, vorgeburtliches Wissen, das die Präexistenz der wissenden Seele voraussetzt.

Zwischen zwei irdischen Existenzen hat die Seele bei den Göttern der Unterwelt „teil" an der reinen Wahrheit der Ideen. Bevor sie zur Erde zurückkehrt, trinkt sie aus der Quelle des Vergessens, dem Hadesfluss Lethe. Das ideelle Wissen, das sie gespeichert hat, wird dadurch trübe und ist nur noch latent vorhanden. Die philosophische „Hebammenkunst" (Platon) muss dann das Trübe klären und die ursprünglichen Erkenntnisse reaktivieren. Der von Platon als Wortführer seiner Dialoge eingesetzte Sokrates vermittelt seinen Gesprächspartnern Einsichten, etwa in das Wesen der Gerechtigkeit oder der Liebe, stets so, dass diese Gesprächspartner, aufgrund einer ausgefeilten Fragetechnik des Denkers, fast von selbst auf die entscheidenden Gedanken zu kommen scheinen: Urbild aller einfühlsamen Pädagogik.

Der platonische Sokrates versteht Philosophieren als eine sanfte „Vorbereitung auf den Tod", auf jene Trennung von Seele und Körper, die eigentlich auch jeden gehaltvollen Erkenntnisakt ausmacht: als schrittweise „Entfernung der Seele von dem Sinnlichen", als Loslösung des abstrakten Begriffs von der anschaulichen Einzelerscheinung, als Annäherung an die reine, ewige Idee, die vollends und ungetrübt erst im Tod erkannt werden kann. Dass dieser Sokrates das Todesurteil der Athener so gelassen hinnimmt, hat mit Todessehnsucht nichts zu tun: Der kauzige Wahrheitssucher denkt an die zeitlose Idee der Gerechtigkeit und freut sich darauf, „in jenem Lichte zu genießen, wonach ich in dieser Finsternis gestrebt habe". Es ist die konsequente Anwendung eines asketischen Erkenntnisideals.

Dass die Seele sich durch die Wahrheitssuche von allen sinnlichen Verwirrungen „reinigt", ist geradezu ein Leitmotiv der sokratischen Theorie des Philosophierens. Dabei ist noch viel vom schamanischen Reinigungsritual im Spiel.

Aber Platon hat sich im Lauf seiner Entwicklung mehr und mehr von dem kultischen Hintergrund seiner Seelenkunde gelöst, ohne diesen allerdings schroff zu verwerfen. Er respektiert weiterhin die überlieferten Lehren von „weisen" Männern und Frauen, wie es im *Menon*-Dialog heißt; er entwickelt aber zugleich streng logisch die These und Gegenthese gegeneinandersetzende „Dialektik", etwa im *Philebos*-Dialog, als grundlegende Erörterung der Wahrheit. Deren Autonomie gegenüber der Religion bezeichnet Platon listig als Geschenk der Götter.

Platons bedeutendster Schüler Aristoteles (384 bis 322 v. Chr.) untersuchte genauer als sein Lehrer das zwittrige Wesen jener „Seele", die Unsterblichkeit beansprucht. Zunächst ist für ihn die Seele „Entelechie", zielgerichtet gestaltende Form des Stoffes Leib, und ihre Unsterblichkeit erstrebenswert, aber unmöglich, da sie ohne den sterblichen Leib gar nicht sein kann, was sie ist: formende Kraft.

So steht es in der *Nikomachischen Ethik*, einer Schrift, die Aristoteles nach seinem Sohn Nikomachos benannt hat. In der Schrift *Über die Seele* fragt Aristoteles noch einmal nach, ob denn die Seele wirklich in all ihren Tätigkeiten an den Körper gebunden sei; da erwägt er immerhin die Möglichkeit, dass der *nous*, das Vermögen geistiger Einsicht, „wie das Ewige vom Vergänglichen [...] getrennt" werden könne. Dieser Geist, der die Ideen aus den Wahrnehmungen abstrahiert, „ist getrennt, leidensunfähig und unvermischt, weil er seinem Wesen nach Tätigkeit ist", Bewegung, die sich selbst bewegt; und diese ist, in ihrer reinsten Form, „unsterblich und ewig" wie der göttliche „unbewegte Beweger", der pure – zweitausend Jahre später wird es heißen: der absolute Geist.

Bewegung, die sich selbst bewegt – die Formulierung klingt nach gymnastischer Akrobatik, dabei fasst sie ein absolutes Mysterium: Nach unseren Beobachtungen verändert sich nur, was von etwas anderem, eben einer außerhalb liegenden Ursache, verändert wird. Für alles, was sich in der Natur regt und tummelt, lässt sich grundsätzlich eine Ursache benennen, deren Wirken selbst wieder die Wirkung einer Ursache ist. Nur der menschliche Geist-Wille – einmal abgesehen von den anscheinend unmotivierten „Sprung"-Phänomenen im Mikrobereich der Quantenphysik – wird spontan aktiv, von sich aus, ohne Fremdursache, aus eigenem Entschluss. Er kann völlig „unmotiviert", unbewegt von anderem, zum Beispiel beschließen, dass ich jetzt aufstehe oder den rechten Arm hebe.

Nach diesem Vorbild denkt sich dann Aristoteles den „Ur-Beweger" von allem, der sich selbst bewegt und von nichts anderem bewegt wird, als Geist (*nous*). Jede Bewegung befördert etwas aus dem Status der Möglichkeit in die Wirklichkeit. Die realisierte Wirklichkeit ist das Ziel des möglicherweise Wirklichen. Der alles bewegende Geist indes ist schon immer die Wirklichkeit aller seiner Möglichkeiten, insofern selbst unbewegt, zeitlos. Er ist zugleich das Ziel alles anderen Bewegten, als Ziel allen Strebens ist er auch das absolut Gute und als Ziel aller Erkenntnis das absolut Wahre.

Was die Unsterblichkeit der Seele betrifft, lautet hier die entscheidende Frage: Denkt Aristoteles in dieser großen Sache zu klein, zu realistisch-pragmatisch? Hatte Platon nicht doch recht, wenn er in die Unsterblichkeit des Geistes auch die Unvergänglichkeit des individuellen Bewusstseins einschloss? Wie viel Ewigkeit überträgt der *nous*, der ja nur in den denkenden Individuen auftritt und ihre Vielfalt integriert, auf deren individuelle Seele?

Gut fünfhundert Jahre nach Aristoteles beantwortet der einflussreiche Aristoteles-Kommentator Alexander von Aphrodisias, der in Athen Logik lehrte, die von Aristoteles selbst nicht eindeutig geklärte Frage nach der Einheit von *nous* und Individualseele so: Der reine „tätige Geist" sei zwar unsterblich, bleibe aber letztlich „draußen", also außerhalb der Sphäre des Individuums. Stoiker und Epikureer sind derselben Ansicht. Epikur gönnt allein den Göttern Unvergänglichkeit.

Der römische Schriftsteller und Politiker Cicero meint, Platons Autorität sei in dieser Sache auch ohne besondere Begründung anzuerkennen, im Übrigen verwiesen Bewusstsein, Erkenntnis, Erinnerung und Reflexion darauf, dass die Seele „göttlich und deshalb ewig sein muss" (*divinum* und *aeternum*). Cicero spiegelt den damaligen Konsens der Gebildeten wider – ein innovativer Philosoph war er ja nicht.

Lukrez, ein erstaunlicher Kritiker jeglichen Aberglaubens aus dem 1. Jahrhundert v. Chr., sagt, von „unsterblicher Natur" seien allein die unteilbaren Atome. Er verficht ein materialistisches Modell des Wirklichen, das in seiner schwer greifbaren Radikalität seltsam unsinnlich, unvermischt, sozusagen reinlich, aber auch sehr modern wirkt – wie ein Widerschein der platonischen Idee.

Plinius der Ältere (um 23 bis 79 n. Chr.), von dem 37 Bücher Naturkunde (*Naturalis historia*) erhalten sind, polemisiert in Buch VII („Anthropologie", LVI) noch deftiger gegen die Anhänger der Unsterblichkeitslehre: „Die menschliche Eitelkeit pflanzt sich auch in Zukunft fort und lügt sich sogar für die Zeit nach dem Tod Leben vor, indem sie bald Unsterblichkeit der Seele, bald eine Umgestaltung und bald ein Leben in der Unterwelt annimmt, die Manen [Geister der Vorfahren] verehrt und aus dem, der sogar aufgehört hat, ein Mensch zu sein, einen Gott macht, als ob das Atmen [das Leben] des Menschen in irgendeiner Weise von dem der übrigen Tiere [Lebewesen] verschieden wäre, oder als wenn sich nicht viele andere, länger [als ein Mensch] lebende [dauernde] Dinge fänden, denen doch niemand eine ähnliche Unsterblichkeit vorausbestimmt."[15]

Diese Skepsis, die auf den griechischen Denker Panaitios zurückgeht, war unter den gebildeten Römern der Kaiserzeit weitverbreitet.

Doch die platonische Lehre wirkte fort. Der Geist ist rein, die Sinne sind trübe, ja unrein. Dieses Schema beherrscht noch fast das ganze christliche Mittelalter, das mit den begrifflichen

Waffen aus der Schmiede der platonischen Akademie die Bibel gegen die heidnischen Zweifler und Zyniker verteidigt.

Ein wichtiger Mittler war dabei der Griechisch schreibende und lehrende Ägypter Plotin (um 205 bis 270 n. Chr.), der in Alexandria studiert und die philosophisch produktivsten Jahre seines Lebens in Rom gewirkt hat, wo er einen Kreis bedeutender Schüler und Bewunderer aus der dortigen Oberschicht um sich versammelte. Plotin hat Platon so verehrt, dass er nach ethischen Grundsätzen, die Platon im *Staat* entwickelt, in Mittelitalien eine komplette Stadt planen wollte – durch Restaurierung einer zerfallenen, vorhandenen Stadt, die durch Eingemeindung umliegender Ländereien weitgehend autonom werden sollte. In „Platonopolis" wolle er, versprach er dem Kaiser Gallienus, mit seinen Freunden auch selbst leben. Der Kaiser winkte ab, obwohl er Plotin schätzte – vielleicht fürchtete er die Entstehung eines oppositionellen Stadtstaates.

Plotin übersteigert Platons Ideenlehre ins Visionäre: Aus Gott, dem „Ur-Einen" und Ur-Guten, gehen Weltvernunft (*nous*) und Weltseele hervor. Die Weltseele konkretisiert sich in zahllosen Formen der körperlichen, zeitlichen Wirklichkeit, eben auch der des Menschen. Sofern die menschliche Seele sich sozusagen über ihren eigenen Ursprung zurückbeugt und zum Intellekt aufsteigt, der in der auf alles Seiende ausgreifenden Einheit von Denkvorgang, (fertigem) Gedanken und gedachtem Inhalt die göttliche Ur-Einheit des Seins gleichsam nachbildet, kann sie vom Materiellen nicht mehr korrumpiert werden und wird, in der Vision des Gottes wie auf der Stufe des erreichten Seins, ewig.

Auf allen Stufen ist alles, was ist, eine „Emanation", ein (zeitlos gedachtes) Ausströmen und Ausstrahlen jenes Allerhöchsten, das als Geist konzipiert wird. Dieser Geist hat die Einheit von allem Seienden nicht nur zeitlos präsent, sondern entlässt auch aus sich das Allerhöchste, über die Vermittler Seele und Materie, in die Wirklichkeit und hält es dort.

Die ewige Sehnsucht der Menschenseele nach dem vollendeten, absolut guten Sein, nach dem göttlichen Ursprung ist sozusagen die Umkehrung dieser Emanation; sie gelingt zuweilen in ekstatischer Schau, in der punktuellen Verschmelzung des Intellekts mit dem göttlichen Geist. Plotin selbst soll viermal eine derartige Ekstase erlebt haben.

Das Platonbild des nordafrikanischen Kirchenlehrers Augustinus (354 bis 430 n. Chr.) wurde stark durch Plotin beeinflusst. Augustinus begreift die Seele als Geist, der – dank göttlicher Erleuchtung – Zugang zu unveränderlichen Wahrheiten, etwa der Mathematik, habe, der als immaterielle, einfache Substanz den Körper regiere und dort zum Beispiel auch ein Zeitbewusstsein entwickle, selbst aber unzeitlich, unsterblich sei. Die Seele ist der Zeit, die sie denkt, schon darum substanziell überlegen, weil sie selbst konsistent ist, die von ihr imaginierte Zeit aber im Grunde aus Sein und Nicht-Sein besteht: aus einer ausdehnungslosen Gegenwart, die eine Vergangenheit, die nicht mehr ist, und eine Zukunft, die noch nicht ist, zusammenhält.

Thomas von Aquin im Himmel:
Scholastik, Mystik und Idealismus

Die christliche Theologie des Mittelalters benötigt das Fortleben der Seele im Jenseits allein schon für die Glaubwürdigkeit himmlischen Lohns und höllischer Strafe, also für die Begründung einer verbindlichen Moral. Was die Menschen damals unter Himmel und Hölle verstanden, hat noch bis ins späte 19. Jahrhundert hinein nachgewirkt. Eine Ursache für diesen spektakulären Erfolg einer relativ schlichten Erzählung ist wohl vor allem die starke Bildhaftigkeit der mittelalterlichen Jenseitsvorstellung. Sie ist beispielhaft in dem Versepos *Die Göttliche Komödie* des italienischen Dichters Dante Alighieri (1265 bis 1321) enthalten: Geführt vom römischen Dichterkollegen Vergil, später von der Jugendliebe Beatrice, durchwandert ein staunendes Ich, der andere Dante, das Jenseits von der „Hölle" über den „Läuterungsberg" bis ins himmlische „Paradies".

Der fiktive Wanderer gelangt zunächst in die Hölle, nachdem er – uraltes Märchenmotiv seit dem babylonischen *Gilgamesch*-Epos – „in einem dunklen Wald" umhergeirrt ist. Beeindruckend, was er in den verschiedenen „Kreisen" des trichterförmig vorgestellten Höllenschlunds so alles antrifft: sechsfüßige Schlangen, die Diebe in die Wangen beißen; einen dicken, aus drei Kehlen bellenden Höllenhund mit roten Augen, schwarzem Bart und scharfen Krallen; Lüstlinge, die von höllischen Stürmen und peitschenden Teufeln durch fahle, finstere Wüsten gejagt werden, vorbei an schwarzen Pfützen und tosenden Vulkanen; Schlemmer, die von einem eisigen Regen zu Boden gedrückt werden; Ketzer in brennenden Särgen;

Betrüger, die mit lodernden Sohlen kopfüber in Felslöchern stecken; Mörder, die von Kentauren immer wieder in kochende Blutströme gestoßen werden; Fälscher mit ekelhaftem Ausschlag und in blinder Raserei; Schmeichler, die sich in Kloaken suhlen; Heuchler, die unter vergoldeten Kutten aus Blei fast zusammenbrechen; Verräter, tiefgefroren im Eissee Cocytus; Habgierige, die an allerlei Dingen kleben; Zwietrachtstifter, denen Teufel die stets nachwachsenden Gliedmaßen immer neu abhacken – unter den Beklagenswerten befindet sich auch Mohammed. Es drängt und stößt, schreit und stinkt, zischt und quirlt, brennt und klappert wie beim Hexenfest der Walpurgisnacht, das Goethes *Faust*-Drama, als Vorgeschmack auf die Hölle, auf dem Blocksberg im Harz entfesselt.

Aber dann, welch eine Erlösung, Dantes Paradies: harmonische, süße Klänge, zuckende Lichter, duftende Luft, tanzende, überirdisch schöne Frauen, eine Jenseits-Diskothek, in der auch Gelehrte wie der heilige Thomas von Aquin selig küssen und lächeln.

Der reale Thomas von Aquin (um 1225 bis 1274), ein Schüler des Albertus Magnus, schwankt, wie auch andere philosophisch ambitionierte Seelendeuter dieser Epoche, zwischen Aristoteles und Platon.

Albertus Magnus sagt, ohne die Seele könne der reine Geist gar nicht existieren, also partizipiere sie auch an dessen Trennung vom Körper und seiner göttlichen Selbstbewegung, mithin auch an der Unsterblichkeit. Thomas von Aquin, der Aristoteles nähersteht als Platon, sieht die Seele des Menschen, wie Aristoteles, als formende Kraft seiner individuellen Einheit, seiner Person. Die Einheit der Seele mit dem Körper könne, meint er, nicht bloß akzidenziell sein, dieser Bezug sei schon wesentlich (*essentiale*), er gehöre zur „Vollkommenheit ihrer Natur". Dennoch philosophiert Thomas von Aquin über die Unsterblichkeit der Seele: „Darum ist unser Leib vergänglich (*corruptibile*), weil er selbst nicht vollkommen der Seele untertan ist; wäre er nämlich völlig der Seele untertan, so würde aus der Unsterblichkeit der Seele (*immortalitas animae*) auch auf den Leib Unsterblichkeit überströmen", wie es in den „Quaestiones disputatae de veritate", der frühen Wahrheitsschrift, heißt. Weil aber die Einheit mit dem Leib zu ihrer natürlichen Vollkommenheit gehöre, sei die Auferstehung des ganzen, auch des körperlichen Individuums am Ende der Geschichte nur „natürlich"; möglich sei sie aber auch nur durch „göttliche Kraft" (*virtus divina*). Diese Bejahung des Körperlichen unterscheidet Thomas von Aquin deutlich von Platon und Plotin.

Dass er die Unsterblichkeit der Seele dennoch rettet, hat mit seinem Begriff des Geistes und der „Glückseligkeit" (*beatitudo*) sowie mit seinem Gottvertrauen zu tun. Als Erkennende sei, sagt er, die Seele „in gewisser Weise alles" (*quodammodo omnia*). In ihr „zeichne" sich „ab" (*describatur*) die ganze Ordnung des Alls und seiner Ursachen; dies sei die eigentliche „Vollendung" (*perfectio*) der Seele – es unterscheide sie auch von allen anderen beseelten Lebewesen.

Diese Auszeichnung mündet aber fast zwangsläufig in die „Gottesschau" (*viso Dei, visio divina*), deren Vollendung allerdings erst im Tod, nach der Trennung vom Körper und nach dem Abschied von der durch ihn bedingten zeitlich-sukzessiven Denkweise stattfinden kann. Darin wiederum liegt auch die Glückseligkeit der Seele.

Der prinzipiell seinsbejahenden Grundhaltung – zu sein, ist *per se* gut, weil besser als nicht zu sein – dieses außergewöhnlichen Dominikanermönchs aus Neapel, der mit Albertus Magnus in Köln war und in Rom und Paris gelehrt hat, entspräche es nicht, wenn er sich eine natürliche, wesensgemäße Sehnsucht der Seele – die nach der glücklichen Schau des Einen, Wahren, Guten in eins und zugleich – als unerfüllbar denken müsste. Dächte er es, wäre dies Zweifel an Gottes Güte und Allmacht. Der Glaube an diesen Gott, von dessen Existenz sich Thomas von Aquin auch in fünf Argumentationswegen (der beste davon ist die aristotelische Reflexion über den „unbewegten Beweger") überzeugt hat, ist so stark, dass es sich erübrigt, nach dem genauen Wie dieser ewigen Schau des Ewigen zu fragen. Als Übersteigerung unserer geistigen Fähigkeit, alles, was ist, sofern es ist, in eins und zumal zu denken, ins Absolute, ist die *visio Dei* ein in sich schlüssiger, faszinierender Gedanke, eine Idee – als konkrete Wirklichkeit aber ist dies schlicht unvorstellbar.

Die Unzerstörbarkeit der individuellen Seele, die der Aristoteliker in Thomas von Aquin eigentlich nicht einsehen mag, drängt sich dem Platoniker und Christen in ihm dann doch auf. Der Gedanke, in der *visio Dei* seien letztlich Seele und Gott identisch, wird von Meister Eckart (um 1260 bis 1327), einem Dominikanermönch aus Hochheim bei Gotha, der in Straßburg und Köln lehrte, ins Mystische überhöht. Eckart unterscheidet die (aristotelische) Seele, die „dem Leibe Leben gibt und Form des Leibes ist", vom „Geist". „Geist" heißt die Seele, wo sie „von allem (bloß) natürlichen Wesen abgeschieden ist", wo sie „namenlos wie Gott" ist, mit ihm „allein in der Ewigkeit".

Da sich aber von Gott nichts Konkretes aussagen oder erkennen lässt, droht auch die Seele sich zu verflüchtigen als das, was Gott ist: ein „überseiendes Nichts". Immerhin wissen wir (seit Aristoteles), dass Gott, der „unbewegte Beweger", „durch sich selber ist, was er ist". Anders gesagt: Gott ist „eine Vernunft", die allein „im Erkennen ihrer selbst" lebt. „Vernunft ist der Tempel Gottes." Die Seele teilt seine Unsterblichkeit, sofern sie „ein Tröpflein Vernünftigkeit" abbekommt, „ein Fünklein": Auch sie kann sich ja selbst erkennen. Durch diese Teilhabe am göttlichen Licht ist die Seele „über die Zeit erhaben in Ewigkeit". Der Kern der Seele, die „Seele der Seele", ist ewig – durch ihre Einheit mit dem „reinen und vollen" Sein Gottes. Als mystische Erfahrung ist die Ewigkeit schon im Diesseits möglich (Thomas von Aquin verlegte sie ins Jenseits). Die Frage, ob das individuelle Selbst auch nach dem Tod fortlebt, kann einen Mystiker letzten Endes nicht interessieren, denn er ersehnt ja nichts heftiger als die Auflösung des Selbst im reinen Sein.

Gewiss: Die Seele stirbt nicht, aber sie lebt als „Fünklein" im göttlichen Feuer, im Licht der absoluten Vernunft – das heißt: nicht unbedingt als individuelles Bewusstsein. Wenn Vernunft der Tempel Gottes, Gott aber, wie die Bibel sagt, „Vater des Lichts" ist, und die Seele ein „Fünklein" dieses Lichts, dann ist die mittelalterliche Kathedrale die bildlich-materielle Realität dieser theologischen Philosophie. Die frühchristliche Basilika mit ihrem Stadttorportal und ihrem Längsschiff, das der von Arkadenhallen gesäumten Straße des antiken Stadtkerns entspricht, ist bereits als Symbolbau des himmlischen Thronsaals und der himmlischen Stadt (Jerusalem) zu lesen. Durch das Goldmosaik der Wände und den vergoldeten Dachstuhl vermittelt dieser Kirchenbau den Eindruck eines vom Zeitlichen gereinigten Seins.

Die farbigen Glasbilder in den gotischen Kathedralen steigern und vollenden diese Architekturmetapher: Die riesigen, vierzehn Meter hohen Fenstergruppen etwa der Kathedrale von Chartres feiern in einer bis dahin unbekannt gewesenen Opulenz die *lux vera*, das „wahre Licht", welches das Licht der göttlichen Vernunft in ein schieres Farbenwunder übersetzt. Das „erzeugende Prinzip" dieser gotischen Hochfenster, die eine Wand in ein durchscheinendes Zwischenreich zwischen Erde und Himmel verwandeln, ist „die neuplatonische Lichtmystik", wie Hans Sedlmayr in seinem Standardwerk *Die Entstehung der Kathedrale* schreibt.[16]

Die von Platon (und altindischer Spekulation) herkommende, traditionelle Gleichsetzung von Licht und Geist wird in den überirdisch anmutenden Glasbildern dieser Kathedralen so überhöht, dass es scheint, als strahle das Jenseits der Seligen ins Diesseits der Gläubigen.

Die Architektur, damals das Leitmedium der bildenden Künste, enthält die Lektion: Der Glaube an die von Gott gewährte Unsterblichkeit beschert den Lebenden nicht nur ein Glücksschutzschild gegen die allgegenwärtige Angst vor Tod und „Weltbrand", sondern auch blau-rot-gelb funkelnde, kristalline Schönheit.

Die in der *visio Dei* angelegte Verschmelzung von individuellem und göttlichem Geist wird später bei Pantheisten wie Spinoza, Nikolaus von Kues oder Giordano Bruno (der sich für die „Unendlichkeit des Alls" als dessen „unendlichen Beweger" eine All-„Seele" denkt) in einer Weise fortentwickelt, die für die individuelle Unsterblichkeit nichts Substanzielles übrig lässt. Das gilt auch für Georg Wilhelm Friedrich Hegel (1770 bis 1831), den Heros des alles Gesonderte und bloß „Unmittelbare" reflektiert-universal-dialektisch „aufhebenden", absoluten Geistes, der sich, in Staat wie Geschichte, eher kollektiv als individuell zu immer höherem Selbstbewusstsein emporarbeitet – eines Weltgeistes, dessen Unendlichkeit als kollektiver Prozess des Selbstbewusstseins, als gesellschaftlich-allgemein bewegtes Fortschreiten in der permanenten Überwindung immer neuer Widerstände, Negationen, „Entzweiungen", Gegenbewegungen und Gegensätze gedacht wird.

Ein interessanter Vermittler zwischen antiker Substanzphilosophie, mittelalterlich imprägnierter Theologie und frühneuzeitlicher Naturwissenschaft ist Gottfried Wilhelm Leibniz (1646 bis 1716). Als Philosoph ist er schon deshalb ein Vorbote der Aufklärung, weil er neben der klassischen Philosophie und Theologie auch Rechtswissenschaft, Mathematik und Naturwissenschaften beherrscht. Hier wird sozusagen die theologische Spekulation der vorherigen Jahrhunderte unter das – damals eben erst in einfachster Form entdeckte – Mikroskop gelegt.

Für Leibniz ist das Universum, wie für Giordano Bruno und Nikolaus von Kues, unendlich – Aristoteles und das Mittelalter meinten noch, die Welt sei, als Form der unbestimmten Materie, ein begrenzter Kosmos, nur Gott sei unendlich. Leibniz[17] vergleicht das Verhältnis der Seele zum Unendlichen mit dem Erlebnis des Spaziergängers am Meeresstrand. Auch wenn dieser den „besondren Geräuschen einer jeden Woge" lauscht, hört er zugleich „das gewaltige Rauschen" des großen Meeres. Jede Seele ist für Leibniz eine „einfache Substanz" (das Ich ist nicht teilbar), er nennt einfache Substanzen „Monaden" (griechisch *monas*, Einheit).

Daraus folgert er: „Nun muss es wohl überall einfache Substanzen geben, weil es ohne die einfachen keine zusammengesetzten gäbe." Jede Monade lebt, denn sie ist ein „der inneren Tätigkeit fähiger Spiegel", der „das Universum aus seinem Gesichtspunkte darstellt und der ebenso geregelt ist, wie dieses selbst". Die neuere Physik hat dies mit dem Begriff des Moleküls weitergedacht: einer winzigen Masse, die gleichfalls voller „innerer Tätigkeit" (der Atome) ist und dabei die Gesetze des Makrokosmos spiegelt.

Leibniz sagt nun, es gebe „unendlich viele Grade unter den Monaden, da die einen mehr oder weniger über die anderen herrschen". Die Einfachheit der Monaden verhindere nicht „die Vielheit verschiedener Zustände".

Monaden sind auch Tierseelen, mindere Organismen, überhaupt alle Naturerscheinungen bis hinein in die kleinsten, für das bloße Auge nicht mehr wahrnehmbaren Einheiten. Noch ein „Punkt, so einfach er ist", enthält „eine unendliche Anzahl von Winkeln, die durch die Linien, die in ihm zusammentreffen, gebildet werden".

„Die Monaden", sagt Leibniz weiter, „können, da sie keine Teile haben, weder erzeugt noch vernichtet werden. Sie können auf natürlichem Wege weder einen Anfang noch ein Ende haben und dauern daher ebenso lang wie das Universum, das zwar der Veränderung, aber nicht der Vernichtung unterworfen ist."

Leibniz bejaht ausdrücklich „die Unsterblichkeit unsrer See-len", aber im Rahmen einer Theorie der Materie, die noch die kleinsten Partikel in quasi-geistiger Dynamik aktiv sein lässt und überraschend modern anmutet. Er lehrt, „die vernünftige Seele" sei „etwas mehr" als eine Monade, da sie nicht nur das Universum reflektiere, sondern ein „Abbild der Gottheit" sei – hierbei denkt der Philosoph weniger an die Seele als statischen Spiegel der Welt, sondern an die menschliche Fähigkeit, aufgrund der Kenntnis jener Gesetze, „gemäß denen Gott alle Dinge angeordnet hat", „architektonisch" den Schöpfergott im Kleinen „nachzuahmen" – als kleiner Gott zu wirken.

Da Gott „unendlich" sei, könne er „niemals ganz erkannt werden", dies gehe nur partiell und in einem „immerwähren-den Fortschritte" zu „neuen Vollkommenheiten". So gesehen sind Naturerkenntnis und technische Anwendung dieser Er-kenntnis eine prozessual gedachte Gottesschau. Der stetig sich erweiternde Inhalt dieses Erkenntnisprozesses ist eine kontinu-ierliche Annäherung an die Unendlichkeit des Universums und seines Schöpfers. Die Unsterblichkeit der erkennenden Seele ist eins mit der Ewigkeit der Monaden, des Alls und Gottes. Gott konnte nichts anderes als diese „beste aller Welten" schaffen, weil er unendlich gut ist und jede etwas weniger gute Welt an der Unendlichkeit dieser Güte Zweifel nähren müsste. Auch darum ist klar: Die Seele ist unsterblich, weil eine sterbliche Seele weniger gut wäre.

Eine kreative, die Naturgesetze in eigenen Werk-Geschöpfen nutzende Seele als Doppelgänger-Monade des Schöpfergottes: Diese Idee von Leibniz hat auch den Poesie-Pantheisten Johann Wolfgang von Goethe (1749 bis 1832) beeindruckt. Seine Vor-stellung der unermüdlichen Tätigkeit einer unzerstörbaren „Entelechie" („was ein Ziel hat", ein *telos*), also einer Form, die sich in allerlei Stoffen und Organismen verwirklicht, wen-det einen von Aristoteles und Leibniz herkommenden Begriff ins Künstlerische: „Ich zweifle nicht an unserer Fortdauer, denn die Natur kann die Entelechie nicht entbehren. Aber wir sind nicht auf gleiche Weise unsterblich, und um sich künftig als große Entelechie zu manifestieren, muss man auch eine sein" (Goethe zu Eckermann am 4. Februar 1829). Wer die meiste kreative Energie in Werke umsetzt, hat auch die besten Chancen auf ein prägnantes Fortleben in Natur und Geschichte. In diesem Sinne ist der Dichter Goethe gewiss unsterblich.

Sein Unsterblichkeitsbegriff ist zwar individuell gedacht, zielt aber kaum auf ein ewiges, persönliches Bewusstsein des Menschen. Philosophische Spekulation darüber sei, meinte Goethe, eine Beschäftigung für „vornehme Stände und besonders für Frauenzimmer, die nichts zu tun haben".

Unsterblichkeit und Aufklärung

Schon Leibniz beweist: Es ist ein Irrtum anzunehmen, die Aufklärung habe mit der Idee einer unsterblichen Seele – wie auch mit der christlichen Religion – Schluss gemacht. Der Franzose René Descartes (1596 bis 1650), Mathematiker und Philosoph, hat mit dem Zweifel an allen überkommenen Ideen über Gott und die Welt und mit der Reduktion aller Gewissheiten auf den Satz „Ich denke, also bin ich" (*cogito ergo sum*) die Aufklärung eingeleitet. Aber von ihm stammen auch zwei Gottesbeweise (aus „angeborenen Ideen", ähnlich dem Gottesbeweis des Anselm von Canterbury, auf den noch eingegangen wird), das Bekenntnis zur Unsterblichkeit der Seele und die wunderbare Formulierung: „Gott hat jedem von uns ein Licht gegeben, Wahres und Falsches zu unterscheiden." Das „Licht" der Aufklärung – das Englische annonciert die aufklärerische Umdeutung der alten Lichtmetapher schon im Begriff *age of enlightenment* – hat die Unsterblichkeitsidee lediglich modifiziert, aber nicht abgeschafft, wie sie auch die Religion nur von gewissen Dogmen und kirchlichen Anmaßungen befreit und nicht – etwa als Prinzip Hoffnung – ad absurdum geführt hat, wie mancher meint.

Die Monadenlehre von Leibniz, die den aristotelischen Begriff der formenden Substanz platonisch idealisiert, ist spekulativ, aber keineswegs irrational. Sie stellt ein frühes Beispiel dar für die produktive Verbindung von Empirie und Spekulation, naturwissenschaftlicher und philosophisch-spiritueller Reflexion, eine Verbindung, die – nach den verheerenden Verabsolutierungen des marxistischen und biologistischen Materialismus (Rassenlehre) im 19. und 20. Jahrhundert – in unseren Jahren wieder neu gesucht werden muss.

Ein Aufklärer, den die Frage nach der Unsterblichkeit der Seele aufwühlt und der Leibniz weiterdenkt, indem er – paradox – energischer auf Platon zurückgreift als dieser, ist Moses Mendelssohn (1729 bis 1786), Sohn eines Dessauer Thoraschreibers.

Mendelssohn erinnert daran, dass es auch einen jüdischen Neuplatonismus gegeben hat, etwa den Philosophen Philon von Alexandria, der meinte, Platon sei ein „Schüler" des biblischen Mose gewesen; oder den spanisch-jüdischen Denker Avicebron, der – im 11. Jahrhundert – nicht die göttliche Vernunft hypostasierte, sondern den göttlichen Willen (für Avicebron ist die Seele geformte Materie, als Emanation einer einzigen, vom unerkennbaren Gott geschaffenen Urmaterie).

Mendelssohn veröffentlichte 1767 das Buch *Phaedon oder Über die Unsterblichkeit der Seele*, in dem er darzustellen versucht, „durch welche Gründe [...] ein Sokrates in unseren Tagen [...] seinen Freunden die Unsterblichkeit beweisen" könnte.[18] Diese genialische Mischung aus Platon-Übersetzung, Auslassung allzu überholter Passagen, etwa über die „Ströme" Okeanos und Acheron, aus Ergänzung und Kommentierung war einer der philosophischen Bestseller des 18. Jahrhunderts.

Er präsentiert den von orphischer Esoterik entlasteten, aufklärerisch gefilterten Unsterblichkeitsdiskurs, der bis heute diskutabel ist, weil er strikt begrifflich und relativ voraussetzungslos gehalten ist. Der von Mendelssohn aktualisierte Platon des *Phädon* (so heißt der Erzähler des letzten Disputs zwischen Sokrates und seinen Freunden) begründet die sokratische Überzeugung, „dass mit dem Tode noch nicht alles für uns aus ist", folgendermaßen:

Damit die Seele die „fast unendliche Menge von Begriffen, Erkenntnissen, Neigungen, Leidenschaften" als einer einzigen

Person zugehörig erleben kann, muss sie mehr sein als die bloße Vielfalt dieser Vorstellungen; sie kann nicht selbst „aus Teilen zusammengesetzt", sie muss „einfach" sein – unteilbar, unausgedehnt, auch nicht aufteilbar in die verschiedenen Augenblicke, die sie durchlebt.

„Es gibt also in unserem Körper wenigstens eine einzige Substanz, die nicht ausgedehnt, nicht zusammengesetzt, sondern einfach ist, eine Vorstellungskraft hat, und alle unsere Begriffe, Begierden und Neigungen in sich vereiniget. Was hindert uns, diese Substanz Seele zu nennen?"

Als „denkendes Wesen" ist sie es, die aus dem Gewimmel des Ausgedehnten und Bewegten ein „Ganzes" bildet, die „wie in einem Punkt" „Ruhe und Bewegung", „Raum und Zeit", „Lust und Unlust" zusammenfasst. Ihre Identität ist die Voraussetzung dafür, dass alles Zusammengesetzte in ihr und um sie herum überhaupt als solches, als vom Einfachen prinzipiell Unterschiedenes, wahrgenommen werden kann.

Alle Veränderung aber ist Zerfall oder Zusammenschluss von Zusammengesetztem. Auch der Tod: Er scheidet Körper und Seele und zerteilt den Körper in kleinere Körper. Doch das Einfache hat keine Teile und ist darum auch nicht veränderbar. Was sich nicht verändern lässt, kann nicht zerstört werden: So ist die Seele.

Der Mendelssohn'sche Platon bemüht noch andere Argumente für die Unzerstörbarkeit der Seele: Eine ihr drohende „Zernichtung" würde, da sie ihr ja bewusst sei, schon früh im Leben allen Lebensgenuss zerstören, die Angst davor würde zischeln „wie eine Schlange zwischen Blumen".

Auch wäre die „Zernichtung" der Seele ein allzu „willkommenes Geschenk" für die „Bösen", deren Schlechtigkeit auf ewig ohne Folgen bliebe. Eine todgeweihte Seele hätte demnach keinen Grund mehr, ohne Rücksicht auf vordergründigen Nutzen unermüdlich nach moralischer Vollkommenheit zu streben, was nur ein gütiger, absolut vollkommener Gott dem Menschen abverlangen kann – der, gäbe es ihn, dann aber auch in der postmortalen Fürsorgepflicht stünde (Immanuel Kant präzisiert dieses Argument in der *Kritik der praktischen Vernunft*).

Schließlich widerspräche das sang- und klanglose Absterben der Seele ihrem ureigensten Wesen. Dies impliziert nämlich, dass sie ja alles Materielle erst belebt. Der Tod des Lebensprinzips selbst wäre so ungereimt wie die Behauptung, die Zahl Zwei sei ungerade.

Als Lebensenergie ist die Seele grundsätzlich „das sich selbst Bewegende", das nicht, wie ein fallender Stein oder ein rollendes Rad, von einer fremden Ursache aktiviert wird; also ist sie auch „unentstanden", somit unvergänglich.

All diese Argumente sind nicht so überzeugend wie jene lapidare platonische Reflexion über das Einfache und Teilbare. Sie hat auch schon Leibniz zum Begriff der unzerstörbaren „Monade" inspiriert, jener sozusagen intelligenten Urzelle der Welt, und hallt noch, wie schon ausgeführt, in der modernen „Teilchen"-Physik nach. Leicht ausheben kann sie eigentlich nur, wer den substanziellen Zusammenhang von Wort und Sache, letztlich die Lesbarkeit der Welt, leugnet und begriffliche Abgrenzungen wie die zwischen dem Einfachen und Teilbaren zu „Sprachspielen" erklärt, wie es im 20. Jahrhundert Ludwig Wittgenstein tat. Wittgenstein hat gegen Ende seines Lebens aber auch der eigenen Sprachskepsis nicht mehr getraut.

Schon Immanuel Kant (1724 bis 1804) verweigert sich der platonischen Sprachmetaphysik auf halber Strecke. Ihn stört der vermeintliche Fehlschluss von der begrifflichen Stringenz auf die Existenz. Begriffe werden für ihn nur realistisch relevant, wenn ihnen eine anschauliche Wahrnehmung entspricht, und die ist ja bei der unsterblichen Seele ausgeschlossen. Die Seele sei, so Kant in der *Kritik der reinen Vernunft* („Antizipationen der Wahrnehmung"), keine „extensive", sondern eine „intensive" Größe und könne prinzipiell durchaus als (zeitlich) teilbar betrachtet werden. Im Übrigen könne in unserer Erfahrung weder eine durch und durch „einfache Erscheinung" noch eine „unendliche Zusammensetzung" von Teilen „jemals vorkommen".

Theoretisch ist für Kant die Unsterblichkeit der Seele unbeweisbar, weil auf diesem metaphysischen Terrain jedem Beweisversuch die sinnliche Erfahrung fehlt. Gleichwohl hält er die Unsterblichkeit der Seele für „notwendig". Sie gilt ihm, in der *Kritik der praktischen Vernunft*, die 1788 in Riga erstmals gedruckt wurde, als „Postulat", als notwendige Annahme, ohne welche das natürliche Streben der Seele nach dem „höchsten Gut", als ein grundsätzlich „ins Unendliche gehender Progressus" ins Leere liefe und unglaubwürdig würde. Kant fürchtet, ohne die Unsterblichkeit könnte die Grundlage vernünftiger Moralität wegbrechen. Ähnlich begründet er ja, als moralische „Postulate", die Willensfreiheit und die Existenz Gottes. Wirklich erkennen könne der Mensch weder die Freiheit noch Gott noch die Unsterblichkeit der Seele.

Der böhmische Philosoph und Mathematiker Bernard Bolzano (1781 bis 1848), Priester, Ketzer, Pionier der Mengenlehre und wohl der bedeutendste Logiker des 19. Jahrhunderts, hat den durch Mendelssohn modernisierten Platon gegen Kant verteidigt. Auch ihn packte das Teilbarkeitsargument: Alles Wirkliche ist zusammengesetzt, es besteht entweder „für sich" (als Substanz) oder als „Beschaffenheit" an etwas anderem (als Adhärenz oder Akzidenz). Als „Ich", das sich in der allersimpelsten Identifikation mit sich selbst – „Ich denke mich" – realisiert, ist die Seele eine immaterielle Substanz. Sie ist nicht zusammengesetzt aus veränderlichen Befindlichkeiten und Beschaffenheiten, sondern konstanter „Ich"-Träger aller möglichen Eigenschaften und Veränderungen.

Bolzano: „Sehen wir aber mit Deutlichkeit ein, dass unsere Seele eine einfache Substanz sei, so muss es uns auch außer Zweifel sein, dass sie in Ewigkeit fortdauern werde." Denn das

Einfache kann „nicht durch Zerstörung und Auflösung in seine Teile" aufhören, sondern nur durch völlige „Vernichtung". Die wiederum sei auszuschließen. Denn nichts geht im All verloren, wie schon Leibniz lehrte – „keine einzige Substanz" wird „jemals vernichtet". Was wir als Vernichtung wahrnehmen, sind „Veränderungen", die aus wechselnden „Verbindungen" einer prinzipiell gleichbleibenden substanziellen „Menge" bestehen.[19]

Bolzano versteht diese Lehre von der „Unvergänglichkeit der Substanzen" nicht als „Auffindung der objektiven Gründe einer übersinnlichen Wahrheit", davor bewahrt ihn Kants Vernunftkritik, aber sie hat für ihn doch den Rang einer vernünftig begründeten, widerspruchsfreien „Gewissheit", was ein „bescheidenes Misstrauen in ihre Richtigkeit" einschließt.

Das heißt: Die Unsterblichkeit der Seele lässt sich vernünftig begründen; empirisch beweisen oder gar direkt erkennen lässt sie sich nicht. Der oft zu hörende Ruf nach dem naturwissenschaftlichen Beweis schreit nach dem Ende einer Metaphysik, welche die letzten, vermeintlich „sinnlosen" Fragen unserer Existenz wenigstens zu stellen und immer wieder neu zu erörtern versucht. Fände der Schrei auf breiter Front Gehör, wäre eine unvorstellbare Banalisierung des Menschenbilds langfristig unvermeidlich – eine Verrechnung und Vergegenständlichung geistiger Dimensionen, die immer schon die besten Voraussetzungen für Menschenverachtung und ideologischen wie kommerziellen Missbrauch humaner Ressourcen gewesen sind.

Dies vorausgesetzt, darf und sollte auch heute auf Platons Plattform weiter gefragt werden – nach dem Motto des britischen Philosophen und Mathematikers Alfred North Whitehead (1861 bis 1947), alle westliche Philosophie seit der Antike bestehe eigentlich aus „Fußnoten" zu Platon.

Gott muss helfen: Ist er beweisbar?

Im Jahrtausendspiel der Denker um den Einzug der Seele ins Finale der Ewigkeit steht es unentschieden. Niemand wird ernsthaft behaupten wollen, Platon sei dümmer als Aristoteles, Bolzano könne weniger klar denken als Spinoza oder Kant. Die Verfechter der Unsterblichkeit haben die besseren Argumente, aber nur, solange sie die Frage offen lassen, wie viel ihr Idealismus des unteilbaren Ich-Geists und der selbstbewegten Autonomie vom individuellen Selbstbewusstsein in die Ewigkeit retten kann. Da wird die Brücke ins Jenseits aller Empirie äußerst schmal, schwankend und brüchig. Ein Gefahrenpunkt, an dem die Existenz Gottes helfen muss: Er ist das Rettende in aller Not. Nur ein Gott, selbst unsterblich und allmächtiger Schöpfer aller Seelen, kann und muss, da er barmherzig ist, seine kostbaren Menschenprodukte in die Unsterblichkeit heben. Das beste Argument für die Unsterblichkeit der Seele wäre also ein Gottesbeweis.

Die berühmtesten Gottesbeweise haben Thomas von Aquin und Anselm von Canterbury zu Papier gebracht. Zunächst zu Thomas von Aquin: In der zweiten „Frage" (*quaestio*) seiner imponierenden *Summa theologica* bzw. *Summa theologiae*, Artikel 3, geht es darum, „ob Gott ist" (*utrum Deus sit*), und der Kirchenlehrer antwortet mit „fünf Wegen".

Der erste stammt im Kern von Aristoteles: „Alles, was bewegt (verändert) wird, wird von etwas anderem bewegt. Denn nichts wird bewegt, wenn es nicht die Möglichkeit zu dem hat, zu dem es bewegt wird: Was aber bewegt, hat den Status der

Wirklichkeit. Etwas bewegen heißt nichts anderes, als etwas aus dem Zustand der Möglichkeit in den der Wirklichkeit zu führen; nur etwas, das selbst wirklich ist, kann ein anderes aus der Möglichkeit in die Wirklichkeit befördern. Wie die Wärme oder das Feuer das Holz anzündet, das erst möglicherweise, dann aber wirklich warm wird, insofern sich bewegt und verändert.

Es ist aber nicht möglich, dass dasselbe zugleich und in der derselben Hinsicht im Zustand der Möglichkeit und der Wirklichkeit sich befindet; was wirklich warm ist, kann nicht zugleich der Möglichkeit nach warm sein, möglich ist vielmehr seine Abkühlung. Es ist also unmöglich, dass dasselbe – in derselben Hinsicht und derselben Weise – zugleich das Bewegende und das Bewegte ist oder dass es sich selbst bewegt. Alles also, was bewegt wird, wird notwendig von etwas anderem bewegt. Wenn also das, von dem es bewegt wird, selbst bewegt würde, müsste dieses selbst von etwas anderem bewegt werden; und dieses andere wieder von etwas anderem.

Dies aber kann nicht unbegrenzt so weitergehen: weil es sonst kein erstes Bewegendes gäbe; und in der Konsequenz auch nichts anderes, das bewegt, weil die an zweiter Stelle Bewegenden (nach dem ersten Bewegenden) selbst wiederum nur anderes bewegen, wenn sie von einem ersten Bewegenden angestoßen werden, wie der Stock, der anderes bewegt, dies nicht tut, wenn er nicht von einer Hand bewegt wird. Darum ist es notwendig, zu einem allerersten Bewegenden abzusteigen, das von nichts anderem bewegt wird: Und das erkennen alle als Gott."

Die anderen vier „Wege" variieren diesen Beweis: Auch in der Reihe der Wirkursachen und der Abhängigkeiten des Möglichen vom Notwendigen kann es keinen Regress ins Unbegrenzte geben, sonst gäbe es keine Realität; ferner rufen die verschiedenen Grade des Guten und Wahren nach einem Maximum des Guten und Wahren als Maßstab, sonst wären alle Urteile über graduelle Unterschiede in diesen Hinsichten hinfällig; dass schließlich Körper und Wesen ohne Intelligenz sich zielgerichtet bewegen, beweist – zum Fünften – für Thomas, „dass es eine Intelligenz geben muss, die alle Dinge der Natur auf ein Ziel ausrichtet: und dies nennen wir Gott" (*et hoc dicimus Deum*). Man nennt diesen Beweis auch den „teleologischen" Gottesbeweis (von *telos*, Ziel). Kant fand ihn am wenigsten fragwürdig.

Der wichtigste Gegenbeweis, den Thomas übrigens seinen Beweisen voranstellt, wird bis heute von Gottesleugnern wiederholt: Wäre Gott, wäre er unendlich, allmächtig, gut; dann aber könnte es nichts Schlechtes (*malum*) auf der Erde geben. Da es das Schlechte aber gibt, existiert Gott nicht.

Kaum vorstellbar, wie viel kultivierter heutige Podiums- und Fernsehdebatten abliefen, wenn die argumentative Disziplin eines Thomas von Aquin auch nur in einem Punkt beherzigt würde: Erst wird die Position des Gegners bewiesen, dann die eigene dagegen gestellt.

Ein weiterer berühmter Gottesbeweis stammt von Anselm von Canterbury (1033 bis 1109), jenem Benediktiner, der nur äußerst widerwillig das Amt des Erzbischofs von Canterbury übernahm. Sein Grundsatz: „Ich glaube, um zu erkennen" – er ist das Motto der so genannten Scholastik, jener Denkschule, die vom christlichen Glaubensschatz so viel wie möglich ins Licht der Vernunft heben wollte, ohne allerdings den Offenbarungswert der Bibel infrage zu stellen.

Anselms so genannter „ontologischer" Gottesbeweis, direkt aus dem Sein abgeleitet, ist sehr einfach und kurz: Gott ist seinem Begriff nach das vollkommenste Wesen, über das hinaus nichts Vollkommeneres gedacht werden kann, er ist das größte „Gute" (*bonum*); existierte er aber „nur im Gedanken" (*in solo intellectu*), so ließe sich ein noch vollkommeneres Wesen denken, das neben seiner Güte auch noch über eine reale Existenz verfügt. Das widerspräche aber dem Gottesbegriff.

Der vollkommenste Gott kann nur als existierender gedacht werden. Wir denken diesen Gott. Also existiert er.

Ein genialer Kurzschluss? Eine „glänzende Anmaßung" der spekulativen Vernunft, wie Kant sagt, der diesen wie die anderen Gottesbeweise ablehnt? Ob oder dass etwas existiert, sagt Kant, füge dem Begriff eines Dings „nicht das mindeste" hinzu – „hundert wirkliche Taler enthalten nicht das mindeste mehr als hundert mögliche", heißt es in der *Kritik der reinen Vernunft* („Von der Unmöglichkeit eines ontologischen Beweises vom Dasein Gottes"). Denn „Sein ist offenbar kein reales Prädikat", Existenz kann nicht aus einem reinen Begriff, sondern nur aus der „Einheit der Erfahrung" ermittelt werden, die aus dem Begriff „herausgeht" und dessen Verhältnis zur wahrgenommenen Erscheinungswelt ermisst.

Kant hält den Begriff eines „höchsten Wesens" lediglich für eine „in mancher Absicht sehr nützliche Idee", die von der Empirie ebenso wenig eingefangen werden könne wie die Vorstellung eines Alls der Dinge. Dass ihre Begriffe jede mögliche Erfahrung sprengen, wirft er auch den Gottesbeweisen des Thomas von Aquin vor.

Dem Stuttgarter Philosophen Robert Spaemann, Jahrgang 1927, zufolge ist die Erkenntnis Gottes „eine Sache selbstloser Aufmerksamkeit". Die Gottesbeweise seien keine Beweise im naturwissenschaftlichen oder mathematischen Sinn. Es gehe bei ihnen, so Spaemann in einem Aufsatz über „Die Vernünftigkeit des Glaubens an Gott", um die Frage, wer wir Menschen seien; denn dies setze voraus, dass wir wissen, „wer Gott ist, aber wir können nicht von Gott wissen, wenn wir die Spur Gottes nicht wahrnehmen wollen, die wir selbst sind, wir als Personen, als endliche, aber freie und wahrheitsfähige Wesen".[20] Im Rahmen solcher Selbstvergewisserung gelten auch die „Beweise" von Thomas von Aquin und Anselm von Canterbury nach wie vor – *ad hominem,* als Teile des menschlichen Versuchs, die eigenen Tiefen mit nachvollziehbaren Argumenten auszuloten.

Spaemanns eigener „Gottesbeweis" stützt sich allein auf die Wahrheitsfähigkeit des Menschen, die mit seiner Liebesfähigkeit (als „wahre Liebe", als emotionale Anwendung der Erkenntnis des Anderen) zusammenhängt. Spaemann schreibt: „Von etwas sagen, es sei jetzt, ist gleichbedeutend damit, zu sagen, es sei in Zukunft gewesen. In diesem Sinne ist jede Wahrheit ewig [...]. Wenn wir heute hier sind, werden wir morgen hier gewesen sein. Das Gegenwärtige bleibt als Vergangenheit des künftig Gegenwärtigen immer wirklich. Aber von welcher Art ist diese Wirklichkeit?" Die „Spuren" der „kausalen Einwirkung" werden schwächer, irgendwann bleibt nur das Erinnertsein, aber irgendwann wird es keine Menschen, die sich erinnern können, mehr geben, weil die Erde selbst kein Leben mehr erlaubt. Gegenwart ist stets „bewusste Gegenwart", mit ihr verschwindet auch die Vergangenheit, auf die sie sich bezieht, um überhaupt als Gegenwart erkennbar zu sein. Das aber heißt: „Wenn gegenwärtige Wirklichkeit einmal nicht mehr gewesen sein wird, dann ist sie gar nicht wirklich", auch jetzt nicht. Ohne Futurum exaktum („es wird gewesen sein") verliert auch das Präsens seinen Sinn. Wollen wir das Undenkbare vermeiden, das ja auch das Wahrsein dessen, was als gegenwärtig behauptet wird, sinnlos machen würde, so ergibt sich Folgendes: „Wir müssen ein Bewusstsein denken, in dem alles, was geschieht, aufgehoben ist, ein absolutes Bewusstsein." Wenn es Wirklichkeit gebe, sei das Futurum exactum „unausweichlich" – und „mit ihm das Postulat des wirklichen Gottes".[21]

Spaemann nennt seinen Gottesbeweis „Postulat", in Anlehnung an Kants Postulate der reinen praktischen Vernunft. Aber er argumentiert nicht moralisch wie Kant, sondern in einer originellen Verbindung von Moral und Vernunft, einer Verbindung, die ja auch mit Wahrheitsfähigkeit und der Abwägung dessen zu tun hat, was jeder denkende Mensch voraussetzt.

Ohne sich dessen stets bewusst zu sein, unterscheidet jeder von uns mit dem Anspruch auf Gültigkeit, und nicht bloß zu Unterhaltungszwecken, in grammatikalisch klaren Sätzen Wahres von Falschem und denkt dabei die Gültigkeit dieser Unterscheidung unabhängig von der Vergänglichkeit des Sonnensystems mit – schon für den platonischen Sokrates war der offensichtliche Unterschied zwischen bloßer Meinung (*doxa*) und Einsicht (*episteme*) ein Grund, ewige Ideen vorauszusetzen.

Das Denken schlechthin gültiger Wahrheiten ist aber nur in einem absoluten Bewusstsein gesichert, das seinerseits dieses Denken denkt. Was irgendwann niemals wahr gewesen ist, ist auch gegenwärtig nicht wahr. Nur ein absolutes Bewusstsein bietet Gewähr dafür, dass dieses Irgendwann-niemals-wahr-gewesen nicht passiert.

Man kann Spaemanns achtbare Position, in Anlehnung an einen Buchtitel des Philosophen Karl Jaspers, „philosophischen Glauben" nennen. Wer diesen „Glauben", der nicht ganz dasselbe ist wie der religiöse Glaubensentschluss, naturwissenschaftlich widerlegen will, hat seinen intellektuellen Anspruch, zwischen Glauben und Wissen vermitteln zu wollen, gründlich missverstanden.

Fernöstliche Weisheit:
Seele ohne Selbst

Je individueller, je einzigartiger die Seele, als vom Körper (zumal seinen Nerven) geformte Formkraft des Körpers und – seit Sigmund Freud und C. G. Jung – als schicksalsträchtiger Ozean des Unbewussten, gedacht wird, desto unwahrscheinlicher ist es, dass sich diese Seele von der sichtbaren organischen Welt trennen ließe, ohne ihre Individualität aufzugeben. Umso dramatischer ist die potenzielle Unsterblichkeit der Individualseele auf einen reinen göttlichen Gnadenakt angewiesen, wie ihn schon der Italiener Bonaventura im 13. Jahrhundert vorgedacht hat.

Das bedeutet: Entschieden wird das Spiel um die Unsterblichkeit der Individualseele letztlich in einer Auslotung der Grenze zwischen Wissen und Glauben, Philosophie und Religion.

Der altindische Glaube wird fasslich etwa in den älteren und mittleren *Upanishaden*, einer Sammlung theologisch-philosophischer Texte des Brahmanismus, deren Titel so viel bedeutet wie „Danebensitzen" (des Schülers neben dem Lehrer). Die zwischen 800 und 600 v. Chr. entstandenen Texte, im Anschluss an die ältere *Veda* (Wissen) entstanden, überliefern unterschiedliche, verwirrend vielfältige Vorstellungen vom Menschen, vom Kosmos, von Tod und Wiedergeburt. Eine Denkschule identifiziert die letzte zeitlose Wirklichkeit (*brahman*, Allseele) mit dem Kern des menschlichen Wesens (*atman*, Selbst, „Hauch und Raum im Herzen"), weshalb die Vielfalt der realen Phänomene, auch Werden und Vergehen, als große Illusion gilt.

Die Götter sind *atman* und *brahman* nachgeordnet, die eine Art von Urselbst bilden: „Nicht stirbt die lebende Seele. Diese feinste Substanz durchzieht das All. Das ist das Wahre, das ist das Selbst, das bist du." Ein Denken, das an die christliche *unio mystica* zwischen Seele und göttlicher Einheit von allem, was ist, erinnert. Daneben gibt es aber auch ein dualistisches System der *Upanishaden*, in dem die göttliche und die menschliche Wirklichkeit einander gegenüberstehen und der Menschengeist erst nach dem Tod mit der göttlichen Ewigkeit eine Einheit bildet.

Die indische Lehre von der Wiedergeburt, von dem durch viele Gestalten wandernden Wesen des Menschen, ist nicht ohne Weiteres mit ihrer griechisch-orphischen Variante gleichzusetzen, die ja einen recht fest umrissenen Begriff einer seelischen Substanz enthält. Wiedergeboren wird im Umkreis der *Upanishaden* der durch das jeweilige Leben des Menschen angesammelte, somit schicksalhafte „Energievorrat" (Karma), eine Charakterprägung, die als Potenzial erhalten bleibt, über den Tod hinaus, der gleichwohl Materie und Geist verändert. Aus diesem Potenzial entsteht ein neuer Körper mit einem neuen Geist, der „in formativer Kontinuität mit dem alten steht", wie der Religionswissenschaftler Michael von Brück formuliert.[22]

Wird in ganz alter Zeit die Seele als Feuer, als Energie begriffen, die im Rauch des Opferfeuers zum Himmel aufsteigt, so verliert sie sich später in einer „geistigen Form" (von Brück), die in den Kreislauf der Wiedergeburten – entsprechend den kosmischen Zyklen – derart sich einfädelt, dass letztlich der eine *prana*, die im Atem und im Stoffwechsel spürbare Lebensenergie, sich in allen Gestalten der Wiedergeburt, auch in Pflanzen und Tieren, sozusagen ausdrückt. Der indische Philosoph Shankara, der um 800 n. Chr. lebte, bringt das auf die späte Formel: „In Wahrheit wandert kein anderer als Gott im Kreislauf der Geburten."

Die Zeit wird als das Leben eines überzeitlichen Energie-bündels gesehen, das mythologisch mit Shiva, dem tanzen-den Kosmos-Gott, verwandt ist. In der Meditation kann der Mensch vorwegnehmen, was nach der transzendenten Erlö-sung aus dem Kreislauf der Wiedergeburten geschieht: eine Befreiung von der Zeit, die aber nicht einfach der Zeit ent-gegengesetzt, sondern als Überwindung des Gegensatzes von Zeit und Nichtzeit gedacht wird – als Identifikation mit dem unbewegten Ur-Einen (*brahman*), vor dem die geschichtliche Welt, alles Werden und Vergehen, unwirklich ist.

Für die Art, wie sich die indische Seele im Tod mit dem Ur-Selbst vereinigt, haben die *Upanishaden* ein prägnantes Bild: Die Bienen sammeln denselben Honig von den verschiedensten Bäumen; der Honig bleibt erhalten, aber jede einzelne Honig-probe vergisst, wenn sie einmal gesammelt ist, ihre spezielle Herkunft von einem bestimmten Baum. So wissen die einzel-nen „Seelen", die in das große Selbst-Sein eingehen, nicht mehr, woher sie kommen und wohin sie gegangen sind – sie gehören zum Sein ohne Einzelbewusstsein.

Buddha, ein hinduistischer Prinz, der sich von vielen hin-duistischen Vorstellungen distanzierte, hat Fragen nach einem „Jenseits" des Todes zurückgewiesen, sie seien nicht wichtig für den Weg zum Heil. Ob die Welt ewig, unendlich oder was auch immer sei, ob der Vollendete nach dem Tod weiterexis-tiere oder nicht, sei letztlich unwichtig, es komme vielmehr darauf an, Leiden und Vergänglichkeit durch Überwindung der Unwissenheit zu meistern. Wer von einem vergifteten Pfeil verwundet sei, müsse versuchen, diesen rasch herauszuziehen, ohne lange nach dem Woher, Warum und dem Verursacher der Verletzung zu fragen.

Das zu überwindende Leid entsteht für Buddha nicht zu-letzt aus dem Bedürfnis des Menschen nach einem beständi-gen Selbst, das sich dem Strom aus Werden und Vergehen ent-gegenstemmt.

Die Wirklichkeit ist nichts Substanzielles, sondern besteht aus Elementen, die immer wieder neue Synthesen eingehen. Die frühe buddhistische Lehre hält die Frage, ob es die permanente Existenz (oder das permanente Prinzip) einer mit sich identischen Seele (die dann auch wiedergeboren wird) gebe oder nicht, für letztlich unentscheidbar. Anstelle einer solchen Seelensubstanz wird dem Menschen meistens eine „dynamische Selbstorganisation von energetischen Prozessen" (von Brück) zugesprochen.

Die Sehnsucht nach einem stabilen Selbst erscheint dem Buddhisten suspekt, weil sie in der Regel zu einem unstillbaren „Durst" nach Dasein führt, dem alle möglichen Dinge zu begehrten Objekten werden können. Die Abhängigkeit von den Dingen, die so entstehen kann, widerspricht dem Weltgesetz der Vergänglichkeit und flüchtigen Zusammengesetztheit von allem. Zudem nährt sie Hass oder gar Gewalt bei der Enttäuschung des Begehrens oder dem Verlust der Dinge, von denen der Mensch abhängig geworden ist. Dagegen hilft die Reinigung des Bewusstseins auf dem „edlen achtfachen Pfad", der Leid bringende Faktoren wie Unwissenheit, Gier und Hass überwinden hilft. Die Einheit einer ichhaften Seele, rudimentär im Hinduismus noch vorhanden, gilt dem Buddhisten vollends als Schein. Auch die „Seele" ist ein veränderliches Konglomerat verschiedener Energiekräfte, nichts Bleibendes.

Die immer neu gestellte Frage, was denn nun genau wiedergeboren werde und ob der spirituelle „Pfad" der Befreiung nicht doch eine Art Subjekt voraussetzt, das ihn geht, beantwortet ein Mönch einmal so: Die Wiedergeburt sei, wie wenn jemand die Flamme einer niedergebrannten Kerze an den Docht einer frischen Kerze halte. Das neue Feuer ist das alte, und doch wieder nicht. Manche buddhistischen Schulen sprechen von einem „Samen des Guten", der von einem Leben zum anderen weitergereicht werde. Von Brück meint, es gebe heute eine „Tendenz" anzunehmen, dass „der Buddha ein ‚Selbst' in einem mehr umfassenden und vollkommen transzendenten Sinn nicht geleugnet" habe, obwohl er ja das „Ich" als Zentrum der Dingverliebtheit ablehnte.[23]

Der Buddhismus glaubt ebenso wie der Brahmanismus an das „Rad" der Seelenwanderung, an jene Wiederholung von Tod und Wiedergeburt, deren jeweilige Qualität von der Qualität der mehr oder weniger guten Taten der Seele abhängt. Was da wandert, sind so genannte Daseinsgruppen, unpersönliche psychophysische Phänomene wie Körperlichkeit, Empfindung, Wahrnehmung, Bewusstsein. Da diese verschiedenen, als eigenständige Wesen vorgestellten Erlebnisweisen vergänglich und allesamt, anders als der sinnenfrohe Brahmane glaubt, mit Leiden verbunden sind, ist das Ziel des Buddhisten die Erlösung von dieser Leidenskette durch Wissen und Meditation.

Sie führt stufenweise ins „Nirwana" (Leere), am Ende gar in die Befreiung von den Wiedergeburten, und zwar durch das Durchschauen aller Leidensursachen. Das Nirwana gilt als höchstes Glück, dieses Glück kann aber nicht von einem umgrenzten Ich empfunden werden und ist darum mit europäischen Vorstellungen seelischer Glückserlebnisse nicht vergleichbar. Das Nirwana ist ein Zustand, in dem der Ich-Wahn friedlich erlischt – erreicht wird er durch stufenweise sittliche Verfeinerung, durch den Abschied von allem Begehren bis hin zur völligen Leidenschaftslosigkeit. Das Nirwana ist ein Jenseits im Diesseits, über ein Jenseits nach dem Tod verweigert diese Lehre die klare Aussage.

Der wahre Heilige der höchsten Erkenntnisstufe, der erfolgreiche Zerstörer allen Begehrens, gilt einfach als unauffindbar, entrückt – für unsere Begriffe ist er nur eine traurige Gestalt. Dass der Buddhismus in den vergangenen Jahren in Westeuropa und den USA sich relativ erfolgreich ausbreiten konnte, ist gewiss auch eine – verständliche – Trotzreaktion auf den übertriebenen Konsumismus, das hektische Karrierefieber und die absurde Sexbesessenheit dieser Gesellschaften.

Der Philosoph Arthur Schopenhauer (1788 bis 1860), der Lehrmeister von Friedrich Nietzsche, Sigmund Freud und Thomas Mann, schätzt den Buddhismus höher ein als das Christentum.

Der Kant-Schüler Schopenhauer ordnet der sinnlich wahrnehmbaren Welt der Erscheinungen den Begriff „Vorstellung" zu, das aller Vorstellung verschlossene, ideelle „Ding an sich" (Kant) deutet er als „Willen", als sinnfreien Daseinsdrang. Die Unvernunft des Willens ist der Grund allen Übels. Also kommt es darauf an, dass er sich selbst verneint, was etwa in der künstlerischen Anschauung oder im praktischen Mitleid zum Teil geschieht. Dauerhaft ist diese Erlösung erst im Übergang zum Nichtsein, zum Nirwana – Buddha lässt grüßen, auch wenn Schopenhauers Negation des Wollens die gestalten-, schichten- und stufenreiche Lehre des asketischen Fürstensohns allzu sehr vereinfacht.

Schopenhauer behauptet, „dass das Thier im Wesentlichen und in der Hauptsache durchaus das Selbe ist, was wir sind, und dass der Unterschied bloß im Accidenz, dem Intellekt liegt, nicht in der Substanz, welche der Wille ist". Dieser Wille sei „das ewige Wesen" im Menschen wie in „allen Thieren". Entsprechend gefällt es dem Philosophen auch, dass die Buddhisten „alle lebenden Wesen unter ihren Schutz nehmen", nicht bloß den Menschen.

Er, der seinen Pudel verhätschelt, wettert gegen die Halter von Kettenhunden, die „den alleinigen wahren Gefährten des Menschen, diese kostbarste Eroberung, die je der Mensch gemacht", misshandelten „wie einen Verbrecher". Auch „Käfig-Vögel" und tierexperimentelle „Vivisektionen" lehnt er ab. Die „größte Wohlthat der Eisenbahnen" sei, „dass sie Millionen Zug-Pferden ihr jammervolles Daseyn ersparen". Ihm gefällt, dass der „Brahmanist oder Buddhaist", wenn er etwas zu feiern hat, auf dem Markt „Vögel kauft, um vor dem Stadtthore ihre Käfige zu öffnen".

Dagegen „sehe man die himmelschreiende Ruchlosigkeit, mit welcher unser christlicher Pöbel gegen die Thiere verfährt, sie völlig zwecklos und lachend tödtet, oder verstümmelt, oder martert, und selbst die von ihnen, welche unmittelbar seine Ernährer sind, seine Pferde, im Alter, auf das äußerste anstrengt, um das letzte Mark aus ihren armen Knochen zu arbeiten, bis sie unter seinen Streichen erliegen. Man möchte wahrlich sagen: die Menschen sind die Teufel der Erde, und die Thiere die geplagten Seelen." [24]

Für Schopenhauer ist die Seele des Menschen unsterblich, aber nicht als „Intellekt" oder individuelles Bewusstsein, sondern als Drang, als Wille (Sigmund Freud spricht später von „Trieb"). Diese Unsterblichkeit teilt die menschliche Seele mit der des Tieres. Es kommt also nicht von ungefähr, wenn der Schopenhauerianer Nietzsche 1889 in Turin einem misshandelten Kutschpferd weinend um den Hals fällt – was Leute, die Schopenhauer wohl zum „christlichen Pöbel" gezählt hätte, allzu voreilig schon als Beweis für Nietzsches „Wahnsinn" nehmen.

Neuere Spiegelexperimente belegen, dass die Rede von tierischen Seelen keine Fantasterei sentimentaler Tierliebhaber ist. Mehrere Studien haben gezeigt, dass manche Tiere sogar eine Vorform von Ich-Bewusstsein haben müssen. Der Standardversuch, der so genannte Zeichentest, verläuft folgendermaßen: Dem Tier wird ein deutliches Zeichen, etwa ein dunkler Strich, auf die Stirn gemalt, dann wird beobachtet, ob das Tier, das sich so verändert in einem Spiegel sieht, versucht, das Zeichen fortzuwischen – wenn es das tut, dann hat es in einer durchaus weitentwickelten selbstreferenziellen Bewusstseinsaktion sich selbst mit dem Abbild im Spiegel, indem es dieses auf sich zurückbezieht, identifiziert. Schimpansen, Orang-Utans, Delfine und der asiatische Elefant haben diese Prüfung bisher bestanden; Gorillas, Paviane und afrikanische Elefanten fielen durch, ebenso wie Kleinkinder, die unter achtzehn Monaten alt waren.

Schopenhauers Begriff von der Tierseele als bloßem Drang ist wohl zu reduktionistisch. Er darf erweitert werden: In dieser Seele ist auch unterhalb der Elite der Selbsterkenner mehr anzusetzen als der lange als „blind" beschriebene Trieb zur Selbsterhaltung durch Kampf ums Fressen und um den besseren Partner zur Vermehrung. Hunde, die beim Spiegeltest gepasst haben, entwickeln zum Beispiel ein erstaunlich differenziertes Gefühlsleben mit der Fähigkeit, verschiedene Stimmungen der Menschen, die bei ihnen leben, wahrzunehmen und darauf zu reagieren.

Ein Tierfreak, der schon mal vom Markt allerlei Vögel nach Hause mitbringt, obwohl er das gar nicht vorgehabt hat, und der aus dem Staunen über Elefanten, Ameisen und überhaupt die Vielfalt der Natur nicht herauskommt – so einer ist auch der Journalist Tiziano Terzani gewesen (1941 bis 2004), ein Jurist und Sinologe, der von 1972 bis 1997 für den SPIEGEL aus Asien Berichte geschrieben hat. Terzani liebte das alte Bild von der tiefen Verwandtschaft zwischen befreiter Seele und grenzenlos wirkendem Wasser: „Ich bin im Himalaja gewesen und habe mich darauf vorbereitet, auf den großen Ozean des Friedens hinauszusegeln." Das deutsche Wort „Seele" meint ursprünglich auch „zum See gehörig". Eine tiefsinnige Metapher wie jene vom „Licht" der Vernunft.

Von der Seelenreise über den Ozean, die an die Überfahrt über große Gewässer im griechischen Hades erinnert, redet Terzani in einem Gespräch, das sein Sohn Folco im Juli 2004 vor einer toskanischen Berghütte vier Wochen lang mit ihm geführt und dann, nach dem Tod des krebskranken Vaters, als Buch veröffentlicht hat: *Das Ende ist mein Anfang*, diese schon im Titel mystische Lebensbilanz, sozusagen in letzter Minute ausgehandelt zwischen Vater und Sohn, wurde 2006 in Italien allein in drei Monaten 440 000-mal verkauft – ein Bestseller. Die deutsche Ausgabe hat bis Januar 2008 eine verkaufte Auflage von über 90 000 Exemplaren erreicht.

Der katholisch erzogene Terzani ist in Asien, dieser spirituell besonders musikalischen Weltregion, weise geworden. Besitz, beruflichen Ehrgeiz, Familienbande, Identität, Wünsche – von allem hat er sich, nach Jahren der selbst verordneten Einsamkeit in einer Hütte im Himalaja, gelöst, um die große, atmende „Leere" in sich zu finden, in der das reine Sein ohne Begrenzung auf dieses oder jenes Ding aufscheint.

„Alle Arten von Verlangen, angefangen vom [...] Verlangen, das *Fleisch* eines anderen zu besitzen", seien letzten Endes „nutzlos", so formuliert es Terzani in der Auftaktpassage seines eindrucksvollen Buches. Und fast euphorisch, im begeisterten Blick auf Vögel, Käfer und Blumen, auf diesen „unendlich großen Friedhof" namens Natur, spekuliert er, dass er im Tod „wieder Teil von all dem" werden könne, von diesem „unteilbaren Leben", von „dieser Kraft, dieser Intelligenz", die man „Gott" nennen könne, diesen unfassbaren „großen Geist, der alles zusammenhält".[25] Die Teilhabe an diesem Ganzen ist „das, was von dir bleibt", sagt Terzani. Vom selbstbewussten Individuum ist da nicht mehr die Rede, es ist entbehrlich wie Haus und Hof, sobald es die Reise ins Unendliche antritt.

Alle möglichen Naturapostel und Geist-des-Ganzen-Mystiker sind heute in Deutschland unterwegs auf Terzanis einsamen Pfaden: Die Zahl der deutschen Brahmanen und Buddhisten, von denen es etwa 600 unterschiedliche Gruppen gibt, wird mittlerweile auf 130 000 geschätzt. Eine beträchtliche Menge, bedenkt man, dass es für diese Religion keine organisierte Propaganda gibt wie etwa für den Islam oder bestimmte Sekten.

Der Buddhismus verficht eine eigentümlich dezentrale, netzartig aufgebaute Psycho-Metaphysik, die erstaunlich modern anmutet: Auch für die heutige Gehirnforschung ist das mit sich identische Selbst, das der Buddhist relativiert, fragwürdig geworden; sie sieht im Ich „nur eine der vielen möglichen kulturellen Realisationen von Kognition", nur „eine von vielen Softwares", zu denen das Gehirn mit seinen über 100 Milliarden Nervenzellen befähigt ist, wie der Bonner Neurophysiologe Detlef Linke in seinem 1999 veröffentlichten Buch *Das Gehirn* formuliert.[26] Experimente haben gezeigt, dass nach der Durchtrennung des so genannten Balkens, der die beiden Großhirnhälften verbindet, der betreffende Patient sich praktisch von seiner Ich-Identität verabschiedet: Während, zum Beispiel, die eine Hand einen Liebesbrief schreibt, zerbricht die andere einen Bleistift.

Einen Buddhisten kann das nicht erschüttern. Er schließt ja nicht, wie noch Descartes im 17. Jahrhundert, von einem stabilen denkenden Ich auf die reale Konsistenz und Existenz des Menschen. Die buddhistische Seele ist, wie bereits ausgeführt, weder ein individuelles noch ein universales Selbst, sie ist ein fluktuierendes Ensemble aus seelischen Regungen, die sogar als Gottheit wiedergeboren werden können, letzten Endes aber, auf der obersten Askesestufe, in einem Sein jenseits aller Besonderheit aufgehen, das gegen das Nichts kaum abzugrenzen ist. Der Vernetzungsgedanke moderner Hirnforschung, die das Bewusstsein aus komplexen Wechselwirkungen der Nerven erklärt, steht dem buddhistischen Menschenbild näher als der platonischen Substanzlehre. Vom „Netz" („Internet") spricht auch die Computer- und Informationstechnik, ohne die die quasi elektrischen Interaktionen zwischen neuronalen Einheiten gar nicht so genau messbar wären.

Betrachten wir den Computer als Vorreiter der Globalisierung, dann liegt die These nahe: Die fernöstliche Version der Seele ohne strikt gedachtes Selbst, die ja auch keinen patriarchalisch regierenden, göttlichen Monarchen kennt, könnte die Weltreligion der Zukunft sein. Allerdings wäre – bliebe sie unverändert – ein Preis dafür letztlich wohl der Abschied von der griechisch-europäischen Kultur des Individuums, welche die selbstbewusste Kontinuität und Identität einer einmaligen Person an die Idee einer prinzipiellen Unabhängigkeit des Geistes vom Wechselspiel der Natur bindet.

Dies schließt ja nicht aus, dass dieser Geist die konkrete Verkörperung im Physischen braucht, um in der Welt personal zu wirken, auch für andere erkennbar zu sein und auf sein Menschenrecht als Wesen mit einmaligem Charakter zu pochen: „Zur Existenz von Personen gehört Verkörperung", schreibt der Münsteraner Philosoph Ludwig Siep, Jahrgang 1942, in der grundlegenden „Einleitung" des von ihm 1983 herausgegebenen Sammelbandes *Identität der Person – Aufsätze aus der nordamerikanischen Gegenwartsphilosophie*.[27]

Siep zitiert unter anderem den englischen Philosophen Peter F. Strawson, einen Denker der streng analytischen, von Wittgenstein beeinflussten Schule, mit der rein logisch, ohne Anleihen bei der Metaphysik, entfalteten These: Man könne sich ein „individuelles Fortbestehen nach dem körperlichen Tode vorstellen", allerdings nur so, dass sich die körperlos gewordene Person durch die „Erinnerung" an ihr früheres körperliches Leben identifiziere, unter Ausschluss der Identifizierung anderer entkörperter Personen.[28]

Ein sozusagen asiatischer Verzicht auf den Begriff der Person hätte insofern einen zu hohen Preis, als er implizit auch den Verzicht auf personale Rechtsfähigkeit sowie auf die Pflicht und Fähigkeit zur strikten moralischen Verantwortung des Individuums für bestimmte Handlungen enthielte. Von dem spätrömischen Konsul Boetius (um 480 bis um 524), den Theoderich wegen Hochverrats hinrichten ließ und der im Gefängnis das bewegende Buch *Trost der Philosophie* verfasste, stammt die Definition: „Die Person ist die unteilbare Substanz eines vernünftigen Wesens." Dieser Satz markiert, zugespitzt gesagt, die unüberschreitbare Grenze zwischen dem europäischen und dem herkömmlichen fernöstlich-buddhistischen Menschenbild.

Die Auferstehung von den Toten

Egal, ob die Idee der Unsterblichkeit der Seele oder des Weltgeistes das individuelle Selbstbewusstsein einschließt – das Unwahrscheinliche schlechthin – oder nicht: Diese Idee muss deutlich unterschieden werden vom jüdisch-christlichen Glauben an die Auferstehung der Toten am Ende aller Tage. Dieser Auferstehungsglaube setzt voraus, dass zuvor tatsächlich, und nicht zum Schein, gestorben wird, mit Leib und Seele.

Im Alten Testament macht sich solche Überzeugung recht rar. Jahwe, ursprünglich ein vitaler Berg-, Wetter- und Stammesgott, ist primär ein Gott der Lebenden. Das von ihm geschaffene Leben findet im Diesseits statt, und dazu gehört der Körper mit allen Genüssen und Empfindungen. Die klare Trennung von Körper und Seele, als Trennung des Sinnlich-Vergänglichen vom Unsinlich-Unvergänglichen, ist damit schwer zu vereinbaren. Sie gelangt auch erst relativ spät, unter platonischem Einfluss, ins Alte Testament – etwa im 3. Jahrhundert v. Chr.

Davor erinnert das biblische Bild vom Jenseits an das ägyptische Totenreich und den griechischen Hades. Der Einzelne dämmert dahin als Schatten in der Unterwelt – eigentlich nur, solange es Menschen gibt, die an ihn denken. Der Glaube an eine intensivere Existenz der Seele nach dem Tod hat im biblischen Horizont insgesamt vier Motive:

1. die Hoffnung auf eine den Tod überbietende Gemeinschaft der Seele mit Gott;

2. die Erwartung einer selektiven Auferstehung, was bedeutet: ewiges Leben den Gerechten, ewige Schande den Ungerechten „am Tage des Zorns des Herrn";

3. die Überzeugung, die Seele des Frommen sei unsterblich, während der Sünder tot bleibt: „Siehe, der Ungerechte – seine Seele verschmachtet in ihm; der Gerechte aber wird dank seiner Treue am Leben bleiben", heißt es etwa beim Propheten Habakuk;

4. die universale Hoffnung, der gute Gott werde den Tod am Ende der Zeiten, beim Weltgericht, vollständig entmachten.

Die Erwartung der Unsterblichkeit betrifft mal die Seele, mal den ganzen Menschen. Es ist mehr eine Heilserwartung als eine Existenzprognose. Dass im Sinne dieser vier Motive nach dem Tod wirklich noch etwas Wesentliches kommt, hat im alttestamentarischen Denken vor allem zwei Gründe: Gottes Gerechtigkeit muss im Jenseits ausgleichen, was im Diesseits offensichtlich schiefläuft, wo haufenweise Schurken von materiellem und anderem Glück begünstigt werden. Außerdem kann ein gütiger Allmächtiger, der das Leben erschafft, nicht zulassen, dass der Tod das letzte Wort behält und seine Schöpfung vernichtet. Diese heilsgeschichtlich-ethischen Gründe sind den jüdischen Weisen wichtiger als die philosophische Frage, wie denn genau die Unsterblichkeit des Gläubigen zu denken sei.

Der gute König der Welt besiegt am Ende das Böse – auch in der Religionslehre des altpersischen Propheten Zarathustra (griechisch: Zoroaster), der wohl zwischen 1400 und 1000 v. Chr., etwa zur Zeit von Moses, gelebt hat, wird dieser Sieg des Guten über das Böse durch die leibliche Auferstehung der Toten gekrönt und besiegelt.

Bei Zarathustra braucht der gute, stets um reinliche Ordnung besorgte Gott Ahura Mazda auch deswegen diese Bestätigung seines Durchsetzungsvermögens, weil sein teuflischer Widersacher Ahriman beinahe so mächtig ist wie er selbst.

Um ihn niederzuringen, macht Ahura Mazda gewaltigen Lärm: Er inszeniert einen Weltuntergang, dem dann die finale Welterneuerung folgt.

An diese Mythen erinnern im Zentraliran noch heute die „Türme des Schweigens", etwa in der Nähe der Stadt Yazd. Mächtige, kegelförmige Lehmbauwerke auf Hügeln, gekrönt von Plattformen, auf denen die Gläubigen einst ihre Toten zurückließen. Deren Seelen mussten hier sieben Tage lang auf ihre Himmelfahrt, ihre Heimkehr ins Unendliche warten. Die Leichen wurden von Hunden bewacht, von Geiern ausgeweidet (einen ähnlichen Ritus, bei dem Felsen die Türme ersetzen, gibt es im alten Tibet), die Knochenreste wurden mit Wachs versiegelt und in Felshöhlen verstaut. Ordnung muss sein.

Die Seele des Guten wird von seinem Gott gut versorgt: Ein junges Mädchen führt sie über eine Brücke ins Paradies, in das blumenreiche, „lichterfüllte Haus des Lobgesangs". Die Bösen gehen über einen schmalen Steg, von dem sie in die Hölle stürzen. Noch heute gibt es im Iran einige Tausend Anhänger Zarathustras, aber die wunderbare Luftbestattung ist seit 1970 verboten.

Auferstehung von den Toten – diese märchenhafte, faszinierende Idee haben die Christen wohl, vermittelt durch Apokalyptiker des Alten Bundes, von Zarathustra übernommen. Zugleich haben sie sie bereichert (und so recht erst begründet) durch eine spektakuläre Zutat: durch die leibliche Auferstehung Christi.

Sie wird angekündigt von einem „großen Erdbeben" am Grab Jesu. „Denn der Engel des Herrn kam vom Himmel herab, trat hinzu und wälzte den Stein von der Tür und setzte sich darauf. Und seine Gestalt war wie der Blitz und sein Kleid weiß wie Schnee. Die Hüter aber erschraken vor Furcht und wurden, als wären sie tot. Aber der Engel antwortete und sprach zu den Weibern: Fürchtet euch nicht! Ich weiß, dass ihr Jesum, den Gekreuzigten, suchet. Er ist nicht hier; er ist auferstanden, wie er gesagt hat." So schildert der Evangelist Matthäus das wichtigste Osterereignis (Mt 28,1–7).[29]

Der auferstandene Jesus versichert seinen Jüngern, er bleibe bei ihnen „alle Tage bis an der Welt Ende". Dieses Weltende schmückt dann der Apokalyptiker Johannes mit der Vision eines „neuen Himmels und einer neuen Erde" aus; er fügt dem Blick auf das himmlische Jerusalem die Bemerkung hinzu, Gott werde bei seinem Volk „wohnen" und ihm „alle Tränen" von den Augen wischen – „und der Tod wird nicht mehr sein".

Die leibliche Auferstehung Christi und der Christen sowie die endgültige Kapitulation des Todes vor der liebenden Allmacht – das ist das Kernstück des christlichen Glaubensbekenntnisses. Es ist das Bekenntnis zur Unvergänglichkeit Gottes und zur „Mitunsterblichkeit des an Christus glaubenden Menschen", wie der evangelische Theologe Gerhard Ruhbach formuliert.

Das alles ist reine Glaubenssache, weder Philosophie noch Wissenschaft. Doch Papst Benedikt XVI, mit bürgerlichem Namen Joseph Ratzinger, Jahrgang 1927, demonstriert – auch in seiner Enzyklika *Über die christliche Hoffnung* aus dem Jahr 2007 –, dass Glaube kein blinder Glaube zu sein braucht, etwa zur Steigerung der seelischen Wellness, sondern mit Einsichten der Vernunft begründbar ist – wenn auch nicht zwingend. Benedikt XVI. zitiert Paulus, den eigentlichen Gründer der christlichen Kirche: „Auf Hoffnung hin sind wir gerettet" (*spe salvi facti sumus*). Und er zitiert den Evangelisten Johannes, der gesagt hat, „ewiges Leben" bedeute, den „wahren Gott" zu „erkennen".[30]

Die im Grunde rätselhafte Formel vom „ewigen Leben" ziele, so Benedikt XVI. weiter, auf ein eigentliches Leben, das wir stets ersehnen, ohne genau zu wissen, was es sei. Die simple Unaufhörlichkeit einer Irgendwie-Existenz könne ja durchaus ein Fluch sein, kaum zu unterscheiden von der „ewigen Verdammnis". Unsterblichkeit sei nur als etwas erstrebenswert, das selig macht, dazu brauche der Mensch aber die „Gnade"

Gottes, das „Heil". Die Taufe (nicht erst der Tod) öffne ihm den „Zugang zum ewigen Leben". Ewiges Leben meine etwas Unvorstellbares, so etwas wie einen „erfüllten Augenblick, in dem uns das Ganze umfängt und wir das Ganze umfangen". Denn: „Wenn wir mit dem in Beziehung sind, der nicht stirbt, der das Leben selber ist und die Liebe selber, dann sind wir im Leben." Dann leben wir „ewig".

Der Papst hat, als er noch der Regensburger Theologieprofessor Ratzinger war, auch in seinem Buch *Eschatologie – Tod und ewiges Leben* (1977) über „Tod, Unsterblichkeit und Auferstehung" nachgedacht. Auferstehung ist für ihn nichts Geringeres als „der zentrale Hoffnungsbegriff der Bibel", fast identisch mit dem Glauben an Gott.

Mit „Auferstehung", stellt er von vornherein klar, meine die Bibel aber nicht etwa „Auferstehung im Tod", sondern „das ‚beim Herrn Sein' zwischen Tod und Auferstehung".[31]

Damit setzt er sich zum Beispiel ab von den Thesen des Münchner Theologiekollegen Bertram Stubenrauch, Jahrgang 1961. Stubenrauch schreibt in dem Buch *Was kommt danach? Himmel, Hölle, Nirwana oder gar nichts*: „Die Seele: Das ist der Mensch in seiner unvertretbaren Einmaligkeit. Seele: Das ist die geistige Vertrautheit mit sich selbst – welche freilich nicht anders als durch den Körper erworben wird. [...] Es gibt ‚mich' nur mit Haut und Haaren. Aber ich bin nicht mit Haut und Haaren identisch. Während der Körper altert, wachse ich als Persönlichkeit über die Wechselfälle der Zeit hinaus. Und was den Tod überdauert, bin ich selbst im Spiegel meiner Lebensgeschichte. So stirbt der Mensch als „Seele" in Gott hinein. [...] Von der Unvergänglichkeit der menschlichen Seele zu sprechen heißt demnach zu bekennen, dass der wahre Charakter eines Menschen zu jeder Sekunde hier auf Erden geformt, im Tod aber offenbar wird."[32]

Dieser Tod „enthebe" den Menschen durchaus „nicht der Zeit". Als „verklärte Zeit in verklärter Leiblichkeit" reiche die menschliche Person über das Lebensende hinaus – in eine Ewigkeit, die schon im Leben, durch den Glauben an Christus, begonnen habe. „Verklärt" ist die Leiblichkeit allein durch diesen Glauben.

Stubenrauch liefert eine durchaus vernünftig wirkende Interpretation von Tod, Unsterblichkeit und Auferstehung. Sie ist wohl zu vernünftig, als Symbolsprache fast auch für den nachvollziehbar, der in der Bibel Weltweisheit im mythologischen Gewand erkennen will und sich dem eigentlichen Wagnis des Glaubens entzieht. Der wahre Glaube an Gott und Unsterblichkeit ist ja etwas Unerhörtes, fast Verrücktes: Er macht sich auf Unglaubliches, auf das ganz Andere unserer Weltvernunft gefasst, nämlich auf den endgültigen Sieg des seelisch aufgeladenen Lebens über Verfall, Tod, Weltende, Nichts – und auf den Sieg über die Angst vor alldem.

Ratzingers theologischer Ansatz wirkt kaum weniger rational als der von Stubenrauch, ist aber viel kühner, ja fantastischer. Erst seine „Beziehungsfähigkeit auf Gott hin",[33] und nicht etwa ein „beziehungsloses Selbersein", mache den Menschen, Ratzinger zufolge, unsterblich, und diese „Geöffnetheit der Existenz" zum „Ganzen und zum Grund des Seins" sei „das Tiefste des menschlichen Wesens", und das werde „Seele" genannt. Die „grundsätzliche Hingeordnetheit zur Wahrheit, zu Gott" schließe das Nichtsein aus – sogar das völlige Nichtsein dessen, der sich aus eigener Kraft die Ewigkeit beschaffen, der selbst Gott sein möchte, dabei aber scheitert und in einem widersprüchlichen „Schatten-Leben" endet, welches das eigentliche Leben verpasst.

Ewiges Leben wird dabei nicht substanzialistisch verdinglicht, sondern als Geist begriffen, der nicht vergegenständlicht werden kann: als aktive Wahrnehmung der „Wahrheitsfähigkeit" und „Liebesfähigkeit" verstanden. Gott, der Inbegriff des Lebendigen, „ruft" den Menschen „beim Namen", und durch diesen Akt der „Annahme", individuell-konkret geworden in Christus, aus dieser lebendigen Bezogenheit heraus „kann dieses Geschöpf nicht untergehen". Ratzinger spitzt zu: Unsterblichkeit ist ein „Beziehungsgeschehen", „Relation macht unsterblich".

Ratzinger mag auf die griechische „Unterscheidung zwischen Leib und Seele" nicht verzichten, weil nun einmal „die Konstante von den Variablen" zu trennen sei – aber so, dass, anders als im Platonismus, „der eine Mensch, der ganze Mensch" es ist, „der auf die Ewigkeit zugeht".

Diese Ewigkeit nun beginnt nicht etwa im Tod – oder am Ende der Geschichte. Was einen Beginn hat, „ist notwendig nicht-ewig, zeitlich". Der Tod führt in eine „neue Art von Zeitlichkeit", die Seele wird Karl Rahner zufolge nicht „akosmisch", sondern „allkosmisch"; sie bleibt dabei prinzipiell leibgebunden, aber so, dass sie die Materie nicht mehr individualisierend „formt" (*forma* ist die Substanz, *ousia*, des Aristoteles), sondern nur noch im Zusammenhang mit allen anderen Geschöpfen, wobei „Materie ganz neu und definitiv dem Geist zu eigen" wird, überindividuell, in einer „Einheit, die alle bisherigen Einheiten übergreift".

Ratzinger fasst das dann so zusammen: Das „Beständige, das Leben geben und erfüllen kann, ist die Wahrheit, die Liebe. Der Mensch kann deswegen ewig leben, weil er der Beziehung zu dem fähig ist, was Ewigkeit gibt. Das, woran diese Beziehung im Menschen einen Anhalt findet, nennen wir ,Seele'. Seele ist nichts anderes als die Beziehungsfähigkeit des Menschen zur Wahrheit, zur ewigen Liebe [...]. Die Wahrheit, die Liebe ist, das heißt Gott, gibt dem Menschen Ewigkeit und weil in den menschlichen Geist, in die menschliche Seele Materie integriert ist, darum erreicht in ihm (Gott) die Materie die Vollendbarkeit in die Auferstehung hinein."

Platonisch daran ist die Einsicht, dass Unsterblichkeit nur von dem kommen kann, was unsterblich ist; von der Wahrheit (Idee), die den sie erkennenden Geist über jedes Werden und Vergehen hebt. Christlich ist die Überzeugung, dass dieser Geist letztlich von der Materie nicht zu trennen ist, dass darum der Geist-Gott, die Wahrheit, auch als leiblicher Christus in die Welt trat und zur erlösenden Menschenliebe wurde. Wer daran glaubt, „wird leben, auch wenn er schon gestorben ist", heißt es im Johannes-Evangelium. Das ewige Leben ist also nicht der Lohn für den Entschluss zu glauben. Das ewige Leben ist der (erkennende) Glaubensakt selbst.

Der Gedanke der unsterblichen Seele wird vom Papst nicht ontologisch oder psychologisch entwickelt, sondern aus seinem geistlich-ethischen Glaubenskern heraus entfaltet, aber dann biblisch absolut ernst genommen, ohne symbolistische Verharmlosung, die dem Glauben das Unerhörte nähme – als unvorstellbares Seelenheil des Menschen, der die denkende und handelnde Beziehung zur absoluten Wahrheit riskiert, die im Alltag ja viele Nachteile mit sich bringt.

Das „Ganze", das die Seele „umfängt", meint den All-Bezug der Seele und wäre schierer Pantheismus, wenn nicht der personale Geist Gottes, der den Menschen beim „Namen" nennt und liebend ins wahre Leben hebt, als das mitgedacht würde, was unseren Geist und unsere Liebesfähigkeit erzeugt und erkennt – und zwar in der Weise, dass unser Geist den göttlichen Geist erkennt und bejaht, indem dieser den unsrigen erkennt und bejaht.

Ratzingers Theologie ist im praktischen Zugriff – Wahrheit und Liebe, Wahrheit als Liebe – einfach nachzuvollziehen, jedoch in der Theorie, die Philosophie, Bibeldeutung, Kirchentradition und tiefe Menschenkenntnis ineinanderwebt, recht kompliziert und sperrig. Diese Theologie setzt nicht nur den christlichen Glauben voraus, sondern möchte zugleich für jedermann nachvollziehbar zeigen, dass der christliche Glaube unserem Leben Perspektiven eröffnet, die es geradezu unheimlich vertiefen. Gewiss sind die Einsichten, die sich dabei einstellen, nicht in Zahlen, Formeln, Statistiken oder Computertabellen abbildbar. Die Argumentationskette ist auch logisch nicht zwingend und nutzt viele Begriffe, über die sich streiten lässt.

Aber vielleicht ist es mit dem Glaubensbild vom wahren Leben so ähnlich wie mit einem bedeutenden Gemälde: Erst muss der Betrachter, ermutigt durch einen positiven „Anfangsverdacht", den Sprung wagen und hypothetisch an die geheimnisvolle Größe des Kunstwerks glauben – dann plötzlich strömen die Erkenntnisse, und viele delikate Qualitäten werden sichtbar, die dem Betrachter ohne das erste Wagnis zur Bewunderung niemals aufgegangen wären.

Den ersten Sprung, bei dem der Betrachter bisher sicher Geglaubtes zur Disposition stellen muss, kann niemand durch Argumente ertrotzen. Doch nachträglich erweist sich dann, dass es zuweilen auch die Ratio bereichert, wenn man bereit ist, für eine kürzere Zeit irrational zu sein, die Kontrolle zu vernachlässigen. Wenn sich Liebende „erkennen", ist es nicht anders. Warum sollte die Begegnung mit Gott nicht ebenso den Sprung aus dem Kontrollzentrum des Verstandes voraussetzen? Und danach wird der Springer durch jede Menge Verstehen belohnt?

Die moderne Naturwissenschaft weigert sich, in dieser Weise zu springen und das Fantastischste für möglich zu halten. Für die Wissenschaft selbst ist das in Ordnung. Die Wissenschaftler als Personen wagen den Sprung durchaus – Charles Darwin war religiös, er hat sogar außer Biologie auch Theologie studiert; Carl Einstein hat sich zu Gott bekannt, zur „Anbetung eines unendlichen geistigen Wesens höherer Natur" im Rahmen einer „kosmischen Religiosität"; und Max Planck, der entdeckt hat, dass im Mikroreich der Quanten die Natur durchaus „Sprünge" macht, meinte: „Religion und Naturwissenschaft schließen sich nicht aus, sondern ergänzen und bedingen einander."

Hirnforschung und Nahtoderfahrung:
Ist Unsterblichkeit eine Illusion?

Die meisten Neurologen unserer Tage betrachten die Idee der Unsterblichkeit der Seele (und damit den Glauben an den christlichen Gott) im Wesentlichen als bloße „Weltbildtröstung" (Detlef Linke) in einer gründlich entzauberten Wirklichkeit; sie lassen fantastische Geschichten dieser Art allenfalls noch als historische Erzählungen, als psychologisch verständliche und interessante Projektionen oder – platt – als Einbildungen gelten, mit denen der Mensch seine Angst vor dem Nichts betäube.

Der amerikanische Hirnforscher Wolf Singer, Jahrgang 1943, erklärt klipp und klar, dass das Konstrukt einer immateriellen Seele wissenschaftlich nicht haltbar ist. Und der deutsche Philosoph Thomas Metzinger, Jahrgang 1958, einer der wenigen seiner Zunft, die sich mit den neurowissenschaftlichen Forschungsergebnissen auseinandergesetzt haben, ergänzt: „Die Vorstellung einer Fortexistenz des bewussten Selbst nach dem physischen Tod wird jetzt so unplausibel, dass der emotionale Druck auf Menschen, die dennoch an ihren traditionellen Weltbildern festhalten wollen, nur schwer erträglich werden könnte."[34]

Nur solch emotionaler Druck macht verständlich, wie manche Parapsychologen, Sterbeforscher und Mystiker dazu kommen, bestimmte Totenbettträume als Belege für ein entstofflichtes Verbleiben der Seele im Jenseits zu lesen. Dabei sind es nur Hinweise auf eine erstaunliche Unabhängigkeit des Bewusstseins vom Körper. Die entspricht ja durchaus unserer Lebenserfahrung, anders wären die Tapferkeit mancher Gefolterten oder auch der Gleichmut des Fakirs auf dem Nagelbrett kaum zu erklären. Das bedeutet aber nicht notwendig, dass diese Autonomieerfahrung in oder gar nach der endgültigen Zerstörung der organischen Funktionen fortexistiert.

Der amerikanische Radioredakteur Studs Terkel, Jahrgang 1913, hat etliche so genannte einfache Leute in „Gespräche um Leben und Tod" verwickelt und diese als Buch publiziert. Darin berichtet etwa Randy Buescher, ein ehemaliger Tischler und Teilhaber eines Architekturbüros in Chicago, wie es ihm ergangen ist, als er – im Rahmen einer intensiven chemotherapeutischen Behandlung seiner Krebserkrankung – eines Abends im Bett lag: „Irgendwann mitten in der Nacht bin ich aufgewacht und habe bemerkt, dass ich meine Fußsohlen sehe. Ich hatte das Gefühl zu sitzen, aber trotzdem habe ich meine Fußsohlen gesehen […] natürlich hatte ich eine Menge Medikamente genommen, trotzdem habe ich es geschafft, mich so weit zu orientieren, dass ich merkte, wo ich eigentlich war: oben an der Decke. Wie von selbst hat mein Kopf sich gehoben – genau genommen nicht mein Kopf, sondern nur meine Augen, und ich habe mich im Bett liegen sehen. ,Herrje', hab ich mir gesagt, ,ich glaube, ich bin tot. Mein Körper liegt da unten, und ich bin hier oben'. […] Ich habe die beiden Wände seitlich von mir gesehen, auch das Bücherregal vor mir, das Fußende des Bettes und mich selbst auf dem Bett. […] Mit dem Körper, der da unten lag, konnte ich nichts anfangen. […] Mein Körper lag ausgestreckt da. Und ich war außerhalb meines Körpers." [35]

Er konnte diesen Körper nicht bewegen. Stattdessen hat er auf etlichen Buchrücken im Regal vor ihm die Titel gelesen, „die ganze Bücherreihe". Er versuchte zu schreien, brachte aber keinen Laut heraus – außer „Dad", er lag ja im Haus seiner Eltern. Plötzlich habe sein Vater ihm auf den Rücken geklopft, und da habe er mit dem Gesicht nach unten auf dem Bett gelegen. Der Vater habe gesagt: „Du bist ja … fürchterlich kalt, Randy." Später sei er aufgestanden und zu seinen Eltern ins Bett gekrochen – er, ein 30-jähriger Mann! Die Todesnähe macht uns zu Kindern.

Ein anderer Beinahe-Tod-Traum ist der, den die Filmschauspielerin Liz Taylor gehabt hat, als sie, erkrankt an einer schweren Lungenentzündung, im Koma lag: Sie kroch durch eine finstere Röhre auf einen gleißenden Lichtpunkt zu. Taylor: „Ich sah ein helles Licht, das sich langsam golden färbte".

Vor einigen Jahren berichtete ein 13-jähriger Junge, der beinahe in einem Fluss ertrunken wäre, Folgendes:

„Ein Strudel zog mich runter in die Tiefe. Es begann eine schreckliche Zeit. Meine Luft im Körper wurde immer weniger, ich bekam große Angst. Ich schluckte Wasser, immer mehr, und meine Sinne schwanden dahin. In dieser Zeit liefen viele Lebensbilder von mir vor meinen Augen ab. Plötzlich befand ich mich in einer Spirale, die mich mit sehr hoher Geschwindigkeit nach oben riss. In ganz weiter Ferne sah ich einen Lichtschein, der – desto mehr ich mich abmühte, durch die enge Spirale zu kriechen – immer heller wurde.

Dort tauchte ein wunderschönes helles und weiches Licht auf in Farbtönen, die ich vorher und auch danach nie wiedergesehen habe. Außerdem war im Hintergrund eine Melodie zu hören, die zusammen mit dem Licht eine wohltuende und glückliche Stimmung erzeugte. Auch eine Stimme, die mir bekannt vorkam, erzählte mir von Vorgängen aus meinem persönlichen Leben." Aber da „fing die Spirale an, sich rückwärts zu drehen, und stürzte nach unten ab. Es wurde wieder dunkel, ich spürte einen Schlag in mein Gesicht. Ich war dabei, mich zu übergeben, und es war alles verschwommen vor meinen Augen. Traurig und unglücklich war ich, nicht mehr im schönen Jenseits zu sein. Ich lag auf einer Sandbank im Fluss. Über mir kniete mein Lebensretter."[36]

Immer wieder leuchtet die Lichtmetapher auf, wenn vom nahen oder tatsächlichen Tod die Rede ist. Der heilige Franz von Assisi nannte den Tod „das Tor zum Licht" am Lebensende. Interessant ist, dass auch der von Schröter-Kunhart zitierte Dreizehnjährige dieses Bild zur Illustration seiner Erfahrung nutzt – er dürfte es kaum aus der einschlägigen Weltliteratur geschöpft haben.

Viele, die im Sterben gelegen und sich davon erholt haben, erzählen, sie hätten einen gewichtslosen, durchsichtigen Körper, eine Art von ätherischem Astralleib gehabt, der im Zimmer schwebte, manchmal auch im Weltall. Der Psychiater und Freud-Schüler C. G. Jung (1875 bis 1961) fühlte sich als ein solcher Kosmonaut nach einem Herzinfarkt: „Weit unter mir sah ich die Erdkugel in herrlich blaues Licht getaucht."

All diese Grenzerfahrungen beweisen nicht die Existenz einer unsterblichen Individualseele, sondern wie stark die Sehnsucht nach einer solchen Seele ist.

Diese Sehnsucht dürfte allerdings einmalig sein unter allen Lebewesen der Natur – nur wer den Tod geistig vorwegnehmen kann, der ist überhaupt in der Lage, sich ausdrücklich Unsterblichkeit zu wünschen. Darin liegt die Rechtfertigung dafür, dass wir unserem Leben mehr zubilligen als ein physikalisch-biologisches Verenden im Nichts. Die Nahtoderfahrungen und die elementaren Sehnsüchte, die wohl ihre geistige Ursache (neben nervlichen) sind, erlauben Ahnungen und Vermutungen, die über das abrupte „Aus und weg" hinausschweifen.

Nur unpoetische, dogmatisch wissenschaftsgläubige Naturen weisen diese Ahnungen und Vermutungen schroff von sich und reden pseudokritisch etwa von „billigen" oder gar „komfortablen Illusionen". Hinter der schlauen Rede, alle Jenseitsmetaphysik sei illusionär, sei „Wunschdenken" und entspringe bloß einem seelischen Sicherheits*bedürfnis* (so der Berliner Philosoph Ernst Tugendhat), steckt vielleicht auch eine Illusion – die Illusion der „schonungslos" kritischen Nüchternheit, die an der „Macher"-Gesinnung des technischen Zeitalters orientiert ist und sich „nichts vormachen" lässt; die gegen vermeintliche Autoritäten (die gibt es in diesen Dingen nicht mehr) anrennt, dabei jedoch den Glücksstein in der Hosentasche streichelt. Der selbstsichere Gestus solcher zur Grundhaltung erstarrten Desillusionierung wurde besonders in der Spätphase der neomarxistischen „Frankfurter Schule" nach 1968, unter Theodor W. Adorno und Max Horkheimer, zu einem modischen Intellektuellenritual ohne besonderen Erkenntniswert. Dessen sozialkritische Einwände gegen das Verschieben des Glücks auf das Jenseits waren pures 19. Jahrhundert.

Das 2006 auf Englisch und 2007 auf Deutsch erschienene Erfolgsbuch *Der Gotteswahn* des englischen Biologen Richard Dawkins, Jahrgang 1941, ist eine heftige Polemik gegen die „Gotteshypothese" als Unterdrücker und Aufhetzer der Menschheit und versucht zu beweisen, „warum es mit ziemlicher Sicherheit keinen Gott gibt". Der antiklerikale Furor dieser brillanten Streitschrift hat eine gewisse Berechtigung bei der Annahme, mit Thesen wie jener, der alttestamentarische Gott sei ein „psychotischer Übeltäter", eine Provokation zu riskieren. Denn das Buch wettert gegen die dogmatischen Verfechter des „Intelligent Design", die so genannten Kreationisten, welche die schöne Ordnung der Natur partout auf einen obersten „Physiker" zurückführen und nicht auf die Wirkungen der Evolution, der natürlichen Auslese durch das Überleben des Stärksten.

Diese „Design"-Schule des Nicht-Denkens, die übereifrig jede Leerstelle des Wissens „mit Gott ausfüllen" möchte, ist in den angelsächsischen Ländern, zumal in den USA, sehr einflussreich, in einigen Gegenden und Institutionen fast schon eine Autorität. Und diese autoritäre Dogmatik rechtfertigt allemal den kritischen Affront von Leuten wie Dawkins.

Allerdings geißelt Dawkins einen „Gotteswahn" von gestern. Einen Katechismus-Glauben, der noch recht naiv von einem allmächtig-allwissenden Schöpfer-Gottvater mit quasi menschlichen Eigenschaften ausgeht (etwa der, dass er Gebete freudig erhöre), den es schlicht „gibt" (was heißt das denn genau? „Gibt" wie irgendein innerweltlich Seiendes?); einen Kinderglauben, der sogar noch annimmt, Adam habe „in Wirklichkeit" existiert. [37] Dawkins erregt sich über „historischen Unsinn" in den Evangelien (längst bekannt und nicht wichtig für die theologische Botschaft) und widerlegt die Gottesbeweise des Thomas von Aquin mit Argumenten wie dem, es sei eine „völlig unbewiesene Behauptung", man könne bei Bewegungsursachen nicht einen Regress ins Unendliche annehmen, und wenn man dies doch tue, bestehe immer noch „keinerlei Anlass", diese erste Ursache mit göttlichen Eigenschaften auszustatten.

Zum Beispiel sei es unlogisch, Allmacht mit Allwissen zu kombinieren. „Wenn Gott allwissend ist, muss er bereits wissen, wie er mit seiner Allmacht eingreifen und den Lauf der Geschichte ändern wird. Das bedeutet aber, dass er es sich mit dem Eingriff nicht mehr anders überlegen kann, und demnach ist er nicht allmächtig." [38] Der Widerspruch ist ein Scheinwiderspruch, weil er die Gotteszeit, die gar keine Zeit in unserem Sinn ist, mit der uns vertrauten Geschichtszeit vermengt, und weil er „Macht" nicht im Sinne geistiger Gesetze versteht – die die Geschichte lenken, ohne sie handgreiflich zu koordinieren –, sondern als Möglichkeit zum manipulativen „Eingriff" wie im antiken Theater, wenn der *deus ex machina*, der Gott aus der Bühnenmechanik, überraschend hilft.

Was Thomas von Aquin angeht: Das Grundmissverständnis von Dawkins liegt in dem Begriff „unbewiesen". Thomas kann und will keine empirisch nachvollziehbaren, gesetzlich für jedermann verbindlich fixierbaren „Beweise" vorlegen, sondern „Wege" aufzeigen, auf denen ein gläubiger Mensch sich klarmachen kann, inwiefern die These, es gebe einen Gott als „unbewegten Beweger" von allem, logisch nicht abwegig ist. Dass die erste Ursache der Ursachenkette „Gott" genannt wird, ist eine plausible Verbindung von Glaube und Wissen, Bibel und Aristoteles – mehr nicht, aber auch nicht weniger. Die Philosophie ist hier, entsprechend dem Verständnis der mittelalterlichen Scholastik, die „Magd" der Theologie, aber eine Magd, die recht haben kann wie jene legendäre Waschfrau der Antike, die lachen musste, als der Naturphilosoph und Astronom Thales in einen Brunnen fiel.

Seele und Zeit: Ein inniges Verhältnis

Das wichtigste Argument gegen die Unsterblichkeit der Individualseele ist eine Beobachtung, die von Philosophen und Gehirnforschern geteilt wird: die Beobachtung der Zeitlichkeit des Denkvorgangs. Offensichtlich ist das individuelle Selbstbewusstsein kein statischer Zustand, der wie auch immer in ein zeitloses Jenseits projiziert werden kann.

Kant sagt in der *Kritik der reinen Vernunft* („Transzendentale Ästhetik"): „Die Zeit ist nichts anderes, als die Form des inneren Sinnes, d. i. des Anschauens unserer selbst und unsers innern Zustandes." Weil aber diese innere Anschauung noch keine „Gestalt" ergebe, suchten wir nach „Analogien" und stellten uns die Zeitfolge durch eine „ins Unendliche fortgehende Linie vor, in welcher das Mannigfaltige eine Reihe ausmacht, die nur von einer Dimension ist".

Während der Raum die „äußeren Erscheinungen" zum Nebeneinander strukturiert, fügt die Zeit alle Vorstellungen, auch die räumlichen, in ein Nacheinander – als „formale Bedingung" der inneren Erscheinung „unserer Seelen" und indirekt auch der äußeren Erscheinungen. Die Zeit ist eine subjektive Bedingung unserer Wahrnehmung und Selbstwahrnehmung. Wenn man davon „abstrahiert", ist sie „gar nichts", den „Gegenständen an sich selbst (ohne ihr Verhältnis auf unsere Anschauung)" weder „subsistierend" (unterstützend) noch „inhärierend" (wesenseigen) zuzurechnen.

Demnach ist die Seele insofern, als sie sich in der Selbstanschauung (diese intellektuelle Anschauung muss von der

Wahrnehmung der äußeren Erscheinungen unterschieden werden) konstituiert, nicht nur zufällig, sondern notwendig: zeitlich. Für ein Wesen, das ohne die „Bedingung der Sinnlichkeit" anschauen kann, wäre eine Erkenntnis möglich, „in welcher die Vorstellung der Zeit, mithin auch die Veränderung, gar nicht vorkäme". Etwa für einen Engel oder Gott.

Die Selbstanschauung, die bei Kant von der Vorstellung eines Ichs stetig begleitet wird, wird bei Johann Gottlieb Fichte (1762 bis 1814) ausschließlich als Ich-Bildung: „Das Ich setzt sich selbst". „Setzen" heißt nicht „produzieren", sondern als seiend vorstellen. In einer „Tathandlung" besonderer Art stellt das Ich sich selbst als seiend vor, im Kontrast zum „Nicht-Ich" (Welt, Natur). Denken wir Ich und Nicht-Ich zusammen, so differenziert sich die Tathandlung: „Wir müssen das eine das andere ‚begrenzend' denken, und zwar in doppelter, wechselseitiger Begrenzung: das Ich durch das Nicht-Ich bestimmt-empfindend, das Ich das Nicht-Ich bestimmend-handelnd", wie Ernst von Aster Fichtes Gedanken prägnant zusammenfasst.[39]

Das Ich-Bewusstsein ist ein Prozess der aktiven Ich-Aneignung im Sinne des Satzes: Ich selbst beanspruche dieses Ich, das ich mir als seiend gegenüberstelle, als mein eigenes. Fichte meint, dass dieser Prozess geistig-spontan, also unsinnlich und darum außerzeitlich zu denken ist. Er hält ja die Zeit, wie Kant, für eine Form der sinnlichen Anschauung und findet, das Sich-selbst-Setzen des Ichs geschehe ohne sinnliche, auch ohne innere Anschauung als reiner Denkakt. Dieser unsinnlich gedachte Prozess der Selbstidentifikation fällt für ihn dann irgendwie nachträglich in Zeit und Raum, in die Welterfahrung.

Doch hier irrt Fichte wohl. Auch das Ich-Bewusstsein „beruht auf dem zeitlichen Werden", sofern es eine „Art der zeitüberbrückenden Verknüpfung verschiedener Ereignisse" und Wahrnehmungen voraussetzt, eine „intertemporale Identität", wie der Philosoph Peter Rohs, Jahrgang 1937, zu Recht formuliert.

„Intertemporale Identität" meint: Das Ich identifiziert sich als dasselbe in einer zeitlichen Phasenfolge ständig anderer Augenblicke. Rohs sagt, diese Identität bilde sich in einem zugleich sinnlichen und nichtsinnlichen Prozess. Daraus folgt: Weder ist das Ich völlig unsinnlich, noch ist die Zeit bloße sinnliche Anschauung, wie Kant glaubte. Das Ich-Bewusstsein ist zeitgebunden, aber es kann sich dennoch vom Sinnlichen lösen. Es partizipiert am Unsinnlichen, ohne vollständig in dieser Sphäre heimisch zu sein. Das entspricht ziemlich genau der aristotelischen Unterscheidung zwischen Seele (die als Körperform an diesen gebunden bleibt) und Geist (der zeitlos gedacht wird).[40]

So viel steht fest: Wer die Zeitanschauung von der Bewegung des „Sichselbstsetzens", von der „Vermittlung des Sichanderswerdens mit sich selbst" trennt (wie dann Hegel das „bewusste Subjekt" charakterisiert), der erfasst die Zeit zu oberflächlich.

Mentale Prozesse, egal ob sinnliche Wahrnehmung oder unsinnliche Ideenverknüpfung, enthalten stets Zeitlichkeit. Das denkende Ich schaut auf das Fließen der Augenblicke, und dieses Schauen fließt selbst, denn es geschieht in einer inneren Zeit; die aber ist wiederum dieselbe, die das Ich gerade reflektiert. Das Ich-Bewusstsein surft sozusagen auf den Jetzt-Jetzt-Jetzt-Wellen der inneren Zeiterfahrung, die es durchlebt und – in der Zeit – reflektiert. Zu jedem Jetzt gehört ein Ich, das es registriert und sich selbst dadurch konkretisiert, aber auch – als identisch – im Jetzt-Strom konstituiert. Auch dieses vermeintlich unzeitliche Identische (das Ich) ist zeitlich, sofern es sich „irgendwann" im Kontrast zum Zeitstrom etabliert. Ein hoch komplizierter, selbstreferenzieller Prozess – aber eben ein Prozess!

In seinen Ausführungen zur *Phänomenologie des Zeitbewusstseins* macht Edmund Husserl (1859 bis 1938), der Lehrer Heideggers, klar, dass nicht einmal die simpelste Wahrnehmung von Tönen, die wir als reine Gegenwart rezipieren, ohne Erinnerung, das heißt: ohne erinnertes Vergangenes und damit ohne Zeitbezug auskommt: „Der erste Ton erklingt, dann kommt der zweite, dann der dritte usw. Müssen wir nicht sagen: wenn der zweite Ton erklingt, so höre ich *ihn*, aber ich höre den ersten nicht mehr usw.? Ich höre also in Wahrheit nicht die Melodie, sondern nur den einzelnen gegenwärtigen Ton. Dass das abgelaufene Stück der Melodie für mich gegenständlich ist, verdanke ich […] der Erinnerung; und dass ich, bei dem jeweiligen Tone angekommen, nicht voraussetze, dass das *alles* sei, verdanke ich der vorblickenden Erwartung."[41]

Es gibt nun Erinnerung und „Wiedererinnerung" – primäre Erinnerung an etwas, das eben erst präsent war, und sekundäre Erinnerung an früher Erinnertes, das nun vom Gedächtnis aktualisiert wird. Der jetzt gehörte Ton und der primär erinnerte Ton bilden erst die Melodie, die Musik. Husserl nennt die „primäre Erinnerung" auch einen „Kometenschweif, der sich an die jeweilige Wahrnehmung anschließt". Ohne den Schweif der erinnerten Töne ist der Komet selbst, der Vorneweg-Ton, gar nicht einzuordnen – das Musikerlebnis wäre hinfällig.

So zertrümmert Husserl die überkommene Unterscheidung zwischen Zeitlichkeit und Dauer. Es sei „evident, dass die Wahrnehmung eines zeitlichen Objekts [etwa: Musik] selbst Zeitlichkeit hat, dass Wahrnehmung der Dauer [einer Melodie] selbst Dauer der Wahrnehmung voraussetzt, dass die Wahrnehmung einer beliebigen Zeitgestalt selbst ihre Zeitgestalt hat"[42]. Husserl folgert daraus zu Recht: „Das innere Bewusstsein ist ein Fluss. " „Alles fließt", sagte schon der vorsokratische Grieche Heraklit.

Wir sprechen vom „Fließen" der Zeit, und das meint zweierlei: die Zeit, die fließt, und die Zeit, in der das Fließen geschieht und beobachtet wird. In keinen dieser Flüsse können wir die Hand halten: Sie sind unsinnlich, konstituieren aber durchaus auch sinnliche Erfahrungen. Es gibt die „objektive Zeit" der Kalender und Chroniken und in sie eingebettet den „fließenden Jetzt-Punkt" des zeitkonstituierenden Bewusstseins, wobei alle beide zeitlich sind: das konstituierende Bewusstsein und das konstituierte „Jetzt"-Programm, das Zusammenhaltende (*continens*) und das so Umfasste (*contentum*). In Peter Rohs Worten: „Die Zeit ist im Subjekt, das Subjekt ist in der Zeit."[43]

Nimmt man die kalendarische „objektive Zeit" hinzu, haben wir es also mit drei Zeitebenen zu tun, die sich dynamisch durchdringen und wechselseitig hervorbringen.

Die Selbstwahrnehmung des Ichs ist absolut fixiert auf ihre Konkretion, auf die jeweils aktuelle „Jetzt"-Folge. Das schon von Descartes als „ich denke mich als den, der den Gegenstand denkt" (*cogito me cogitare rem*) bestimmte Selbstbewusstsein, das sich entdeckt, indem es sich von dem unterscheidet, was es nicht ist, indem es, wie Hegel sagt, „negiert", wodurch es selbst negiert wird (das Dingliche) – dieses wesentlich prozessual gedachte Selbstbewusstsein wird durch Husserl endgültig in den Strom der Zeitlichkeit getaucht.

Am Ende steht dann Martin Heideggers Satz (aus dem epochalen Buch *Sein und Zeit*, 1927): „Die existenzial-ontologische Verfassung der Daseinsganzheit gründet in der Zeitlichkeit." Heidegger stützt diese These nicht nur auf die Phänomenologie der Zeitwahrnehmung, sondern auch auf genaue Analysen des konkreten „In-der-Welt-Seins" als „Mitdasein der anderen", als Befindlichkeit, Sprache (Wort-„Strom"), Sorge, Geschichtlichkeit und Angst vor dem Tod („Sein zum Ende").[44]

Der Philosoph Walter Bröcker sagt sogar, in einem „Rückblick auf Heidegger" aus dem Jahr 1977, dass „die Zeit gewissermaßen die Substanz" sei, „aus der der Mensch gemacht ist".[45]

Das geht wohl zu weit, aber ist richtig insofern, als Geist und Zeit – für uns – in einer untrennbaren, konstitutiven Wechselwirkung begriffen werden müssen. Den wesentlichen Prozesscharakter des Geistes verfehlen dogmatische Platoniker, aber auch jene ihrer scheinbaren Widersacher von der Wissenschaft, die – so der berühmte amerikanische „Sprechakt"-Theoretiker John R. Searle, Jahrgang 1932 – geistige Phänomene bloß als „Eigenschaften" des Gehirns betrachten. Oder die wie Francis Crick – zusammen mit James D. Watson 1953 der Entdecker der DNA-Struktur, der biochemischen Bausteine des Gens – in seinem 1994 erschienenen selbstbewussten Buch *Was die Seele wirklich ist* behaupten, alle seelischen „Freuden und Leiden", „Erinnerungen und Ziele", sogar der „Sinn für die eigene Identität" seien in Wahrheit „nur" das „Verhalten einer riesigen Ansammlung von Nervenzellen und dazu gehörigen Molekülen". Das stimmt bis auf das fatale, anmaßende Wörtchen „nur", ist aber auch zugleich bemerkenswert ernüchternd, ja: nichtssagend – wenn man bedenkt, dass es sich hier um eines der großen Geheimnisse des Lebens handelt.

Quasi elektrische Vibrationen und Kompositionen winzigster Materieteilchen: Daraus besteht das Weltall schon lange vor dem Auftritt der Seele. Also kann dies auch nicht ihr Spezifisches erklären.

Als Produkt oder Eigenschaft des lediglich biologisch eingeordneten, evolutionär erklärten, biochemisch entschlüsselten und computertomografisch abgebildeten Gehirns ist das seelische Selbstbewusstsein grob verortet, bestenfalls exakt vermessen und beschrieben, jedoch nicht eigentlich in seinem psychischen Eigenleben erkannt. Dieses Bewusstsein schafft sich selbst in einer einzigartigen, zeitdynamischen, grenzüberschreitenden, selbstreflexiv dem All geöffneten „Weltexzentrik" (Max Scheler) und entwickelt ein je eigenes Selbstgefühl im Strom bestimmter Erinnerungen, Träume, Worte, Bilder und Klänge.

Die Neuropsychologen registrieren von dieser gewaltigen Fantasyhöhle die Aminosäuren und andere Ingredienzien, die Nervenzahlen und Nervenwege, die regionalen Kompetenzen und die Wirkungsmechanismen, sozusagen die Spielmittel und Spielstätten – nicht aber die Inhalte der dort aufgeführten Stücke.

Wer bei diesem substanziellen Lebensthema den kompletten Diskurs an die Gehirnforscher abtritt, kann auch gleich die Frage, was die „Sfumato"-Schönheit des Mona-Lisa-Porträts von Leonardo da Vinci ausmache, den Gesichtschirurgen und Farbchemikern überlassen oder die abgründig-magische Wirkung eines vom alten Rembrandt gemalten Selbstporträts mit Kennermiene als Resultat des Zusammenwirkens von Ölfarbe, Pinsel und Leinwand erklären (was ja nicht völlig falsch, aber banausisch ist).

„Wie kommt es", fragt der australische Mathematiker und Philosoph David Chalmers völlig zu Recht, „dass all die Prozesse im Gehirn, diese 100 Milliarden verschalteter Neuronen, zu einem subjektiven Innenleben des Bewusstseins führen, zu der Perspektive der ersten Person?" Diese Frage habe auch die Hirnforschung bisher nicht beantwortet. Der Mensch, den Physiker und Nervenzerteiler bisher analysiert hätten, sei auch ohne Ich-Bewusstsein vorstellbar – als Zombie.

So viel ist aber wohl klar: Die Angewiesenheit des Ich-Bewusstseins auf zeitliche Prozesse, wozu auch die Sprache und komplexe nervliche Wechselwirkungen gehören, schließt dessen tatsächliche Unabhängigkeit vom körperlichen Werden und Vergehen aus.

Das dachte ja schon Aristoteles. Er staunte dennoch über den *nous*, die von allem Sinnlichen unabhängige, sich selbst zum Tätigwerden anstoßende, das Sein von Allem denkende, „göttlich" genannte Weltvernunft, die den Menschen, der sie und mit ihr denkt, gleichsam besucht und nach seinem Tod in den stofflosen, beweglichen Äther des Himmels zurückkehrt. Wenn wir den Äther durch extreme Mikrostrukturen in oszillierender Wechselwirkung ersetzen, ist dieses Staunen durchaus noch aktuell.

In gewissen Grenzen gilt dies auch für die selbstlose Leere der altindischen Weltseele (*brahman*). Natürlich ist auch sie nicht mehr so im Kosmos lokalisierbar, wie man es sich etwa um 500 v. Chr. vorgestellt hat. Raum und Zeit sind als sehr relative Maßeinheiten für Realität einzuschätzen: Aus der Perspektive der Andromeda-Galaxie weidet der Urmensch eben erst Tierkadaver aus und ist noch weit entfernt von Ackerbau und Viehzucht; unsere aktuelle Zeit ist nicht die Zeit anderer Galaxien, obwohl diese Galaxien und wir in derselben Zeit dem All zugehören.

Seit Albert Einstein wissen wir: Raum und Zeit hängen noch enger zusammen, als Aristoteles dies sah, der die Zeit von der gemessenen, der gezählten Bewegung im Raum abgeleitet hat. Raum und Zeit bilden eine „Raumzeit" schon insofern, als die Zeit in Flugkörpern, die sich rasend durch den Raum bewegen, langsamer vergeht als außerhalb dieser Flugkörper. Die Zeit ist gewissermaßen die vierte Dimension des an sich ja dreidimensionalen Raums.

Die Gravitation bringt das Kunststück zustande, die Raumzeit zu krümmen. Ein knapp unterhalb der Lichtgeschwindigkeit rasendes Raumschiff, dessen Flug durch die Uhren der Insassen mit einem Tag bemessen wird, wäre für die Uhren auf der Erde etliche Milliarden Jahre unterwegs.

Das traditionelle Zeitverständnis, das dem Gegensatz von Zeit und Ewigkeit zugrunde liegt, geriet im 20. Jahrhundert in derartige Turbulenzen, dass die aus der inneren Selbsterfahrung des Bewusstseins abgelesene „Jetzt"-Folge schon lange nicht mehr ausreicht, um die Zeitlichkeit des Seins als ganze abzudecken.

Je tiefer die moderne Astrophysik in Abgründe wie Schwarze Löcher, die das Licht schlucken, wie Wurmlöcher, die zu Zeitmaschinen werden, wie Anti-Materie, Urknall (angeblich der Anfang der Zeit, aber was war davor?), Paralleluniversum oder gar Multiversa (viele Parallelwelten „gleichzeitig") vorstößt, desto denkbarer, ja wahrscheinlicher werden Dinge, die noch bis vor kurzem für völlig unrealistisch gehalten wurden. Wer soll noch glaubwürdig den Eindruck erwecken, er sei nicht fassungslos, wenn er von Astronomen hört, es gebe wahrscheinlich weit über 100 Milliarden Galaxien?

Der durch moderne Beobachtungsmaschinen wie das Hubble-Weltraumteleskop – benannt nach Edwin P. Hubble, der die Expansion des Universums entdeckte – immens erweiterte Blick auf interstellare Wolken, extragalaktische Sternsysteme und abenteuerlich geformte Reste längst explodierter Sonnen hat auch die menschliche Seele, die Trägerin dieses Blicks in die weiteste Weite, in einer Art von Rückstoßeffekt, unendlich vertieft und erweitert. Je ungestümer sie in die Raumzeit beobachtend vordringt, desto großartiger erscheint ihr eigener Weltinnenraum, ihr kosmisches Ahnen und Fühlen, ihre vom berechenbaren Ding losgelöste Intuition des Unendlichen.

Der schottische Exbischof Richard Holloway schreibt in *Die Dunkelheit zwischen den Sternen*: „Dass uns der menschliche Geist […] mit der raffinierten Struktur des Universums in einen Zusammenhang bringen kann, ist schon faszinierend genug; aber eine noch erstaunlichere Geschichte ist die Entstehung der Menschheit selbst: Dass unser Planet nach 15 Milliarden Jahren zur Heimat selbstbewusster Wesen geworden ist, haben Wissenschaftler als Folge fein abgestimmter Elemente erklärt, ohne die kein Leben möglich wäre: Stünde die Erde der Sonne ein wenig näher, wäre es für das Leben zu heiß – bei einer geringfügig größeren Entfernung wäre es zu kalt. Verliefe die Erdumlaufbahn ein wenig anders, als es der Fall ist, hätte das Leben nie entstehen können. Denn das exakte Gleichgewicht zweier großer Kräfte schafft die Bedingungen, unter denen Leben existieren kann: Die Expansion des Weltalls im Gefolge des Urknalls lässt das Universum größer werden, die Schwerkraft der Materie zieht es wieder zusammen.

Wäre die Gravitation zu stark, würde das Universum zwar auftauchen, aber schon eine Mikrosekunde später von eben dieser Gravitation zermalmt werden. Wäre dagegen die Ausdehnungsgeschwindigkeit des Universums zu hoch, würde dieses so schnell expandieren, dass die Gravitation nicht die Sterne und Galaxien bilden könnte, aus deren Staub sich das auf dem Kohlenstoff basierende Leben entwickelt hat." Im Übrigen seien „die Chancen, dass exakt die richtigen Bedingungen gegeben sind, unter denen Leben existieren kann, ebenso groß wie die, auf ein zehn Quadratzentimeter großes Ziel am anderen Ende des Universums zu schießen und zu treffen."[46]

Jeder, dem angesichts all der raumzeitlichen Expansionen, Verwirbelungen, Schrumpfungen, Explosionen, Hitze-Kälte-Wechselwirkungen und anderem schon einmal schwindelig wurde, hat das intellektuelle Recht, naturgesetzlich noch unerklärliche, immaterielle Prozesse auch in jenem Bereich für möglich zu halten, den die Alten nun einmal „Seele" oder „Allseele" genannt haben.

Eine zeitlose Seele, naiv-herkömmlich als bleibend vorgestellt, gibt es nicht. Der Ausdruck kann heute nur meinen: eine Seele, die weder zeitlich noch nicht-zeitlich ist, die sozusagen zum Aussteiger aus dem uns vertrauten Raum-Zeit-Kontinuum wird, einschließlich einer platt dagegengesetzten „Ewigkeit"; eine Seele, die das Individuum hinter sich lässt, ohne materielos zu werden, um schließlich in einem uns nicht vorstellbaren kosmischen Nirwana aufzugehen, das weniger ist als eine ewige Party der Seligen, aber mehr als ein graues, schlackenartiges Nichts.

Unvorstellbarkeiten wie diese und der Mut, einen ewigen, alles Seiende ätherisch bestrahlenden Ursprungsgeist oder Lebensatem zumindest für möglich zu halten, wissend, dass man darüber nur spekulieren, mit Worten musizieren, nicht aber beweiskräftig streiten kann – das ist noch kein modisch-esoterischer Irrationalismus, sondern eine Verbindung von Spürsinn mit Fantasie, intellektueller Redlichkeit mit staunender Ratlosigkeit, Wissensstolz mit Demut vor dem Geheimnis; eine aufgeklärt mystische Verbindung, die Ernst Tugendhat „nichtpersonale Mystik" nennt, für die es aber in Wahrheit noch kein Haltungsetikett gibt. Muss ja auch nicht.

Comeback des Unbegreiflichen

Es ist paradox: Moderne Gehirnforschung und eine Kosmologie, die alles Wirkliche immer dramatischer in immer entferntere galaktische Weiten zerstäubt, können das metaphysische Achselzucken des dogmatischen Materialisten bewirken, aber auch das strikte Gegenteil: die entschiedene Abwendung vom naturwissenschaftlichen Desillusionierungszwang.

Der war in den vergangenen Jahrzehnten so wirkungsvoll, dass selbst geisteswissenschaftliche Veröffentlichungen so altmodisch spirituelle Themen wie den Bezug der Seele zum Kosmos oder die Unsterblichkeit der Psyche, als Bonus eines wie auch immer gedachten Gottes, gar nicht mehr vorkommen ließen.

Ludwig Sieps Sammelband über die *Identität der Person* (1983), wahrlich ein Buch über die Seele, oder das Philosophiekompendium *Der unerschöpfliche Gegenstand* von Hermann Schmitz enthalten im Sachregister alle möglichen Stichworte zwischen „Abgrund" und „Zyklothymiker" (so bei Hermann Schmitz); aber sucht man das Zentralwort der klassischen Seelenmetaphysik, „Unsterblichkeit": Fehlanzeige. Der von dem Theologen Friedrich Wilhelm Graf und dem Philosophen Heinrich Meier 2004 herausgegebene Sammelband *Der Tod im Leben*, das Resultat eines Münchner Symposions, enthält hochintelligente Essays zu Themen wie „Tod und Gelächter" oder „Wohin mit den Ahnen?", aber auch hier sucht man vergeblich einen ausführlichen Beitrag zur zentralen Frage nach der Identität von Lebensende und Seelenende.

Philosophen, die in ihren eigenen Büchern ohne Not auf diese Weise vor dem naturwissenschaftlich-materialistisch dominierten Zeitgeist, der in Wahrheit ja auch ideologieanfällig ist, einknicken, gibt es zuhauf. Sie sind die Opfer einer geistig uniformierten Öffentlichkeit, die den erfolgreichen – und auch notwendigen – Skeptizismus der Aufklärung weiter praktiziert, obwohl er seine historische Mission, die Kritik an angemaßter Autorität und jeglicher Art von törichtem Geisterglauben, längst erfüllt hat. Dieser Skeptizismus ist der neue kulturelle Mythos der vergangenen Jahrzehnte. Auch er verdient Kritik, nämlich eine Kritik jener Kritik, wie sie früher völlig zu Recht dumpferen Mythen zuteil wurde.

Wer sich von all den selbst ernannten, pseudotapferen Enthüllern des metaphysischen Illusionismus abwendet, der glaubt überschwänglich: Nicht Gott ist unbedingt eine seltsame, überholte Idee des Menschen, sondern der Mensch könnte ebenso gut die seltsame Idee irgendeines durchgeknallten Gottes sein. Und wenn er dies wäre, wieso sollte dieser Gott diese seine eigene Idee grundlos vernichten?

Der Überschwängliche muss nichts beweisen. Ihn scheren auch nicht die neuesten Auseinandersetzungen über die Abhängigkeit des menschlichen Bewusstseins von bestimmten Gehirnfunktionen oder uralte pedantische Fragen wie jene, in welcher Art von Dämmerzustand irgendeine seelische Restsubstanz die Jahrtausende bis zum Jüngsten Gericht überbrückt. (Müssen auch gestorbene Kleinkinder erst ins Fegefeuer?)

Aus dem beinahe sicheren Gefühl heraus, dass der Mensch letzten Endes mehr ist und sein muss als ein verrottender Zellhaufen und dass es nicht gleichgültig sein kann, wie gerecht oder bösartig dieses exzentrische Wesen sein Leben verbringt – aus diesem Gefühl heraus beschließt der Überschwängliche zu glauben, obwohl er nicht weiß.

Das ist ein Willensakt, ein Basta-Beschluss. Geboren aus dem Bauch und dem hartnäckigen Bestreben jedes von der

Wirklichkeit tendenziell überforderten Geistes nach Reduktion von Komplexität. Nötig auch deshalb, weil das Leben zu kurz ist für die endgültige Klärung letzter Fragen. So ähnlich ist schon die Reduktion der Dinge auf Zahlen entstanden, und die war zwar auch sehr vereinfachend, doch darum noch nicht falsch.

Weit über 2000 Jahre Zweifel an allen Unsterblichkeitsideen seit Platon waren abgearbeitet, als der dänische Philosoph und Theologe Sören Kierkegaard in dem Buch *Die Krankheit zum Tode* aus dem Jahr 1849 über den Menschen schrieb: „Das Ewige kann er nicht verlieren, in alle Ewigkeit nicht" – wobei Kierkegaard mit dem Ewigen zuallererst „der Ewigkeit Forderung" an die Seele meint, ein „Selbst zu sein", was diese Seele aber verzweifelt meiden möchte und nicht sein will. Kierkegaard: „Wäre in einem Menschen nichts Ewiges, so könnte er überhaupt nicht verzweifeln."[47] Dieses Ewige, das so unerbittlich Identität einfordert und auch im buntesten Konsumgetümmel keine Ruhe gibt, ist das „ewige Selbst". Kierkegaard denkt Unsterblichkeit zuerst als unerbittliche ethische Forderung im Diesseits.

Der Existenzialismus des 20. Jahrhunderts, von Martin Heidegger über Karl Jaspers bis zu Jean-Paul Sartre, hat auf Kierkegaards Spuren das alte Ewigkeitsthema endgültig zur Perspektive diesseitiger „Eigentlichkeit" konkretisiert, aber auch verkleinert.

Anscheinend steht eine Gegenbewegung, eine Rückkehr zur traditionellen Metaphysik des Unvergänglichen bevor, wie auch immer dieses Unvergängliche begriffen wird.

Robert Spaemanns 2007 erschienenes Buch *Das unsterbliche Gerücht. Die Frage nach Gott und der Täuschung der Moderne* bekennt sich zu der Überzeugung, „dass das Grab leer war", ebenso wie zu dem Glauben, dass auch die naturwissenschaftlich entzauberte Welt als „Wirkung eines kontinuierlichen Aktes göttlicher Freiheit" gedacht werden kann, dass es „eine Auferstehung der Toten gibt" und dass das endliche Subjekt Unendlichkeit ahnt, indem es „sich selbst erfährt als ein solches, das nicht nur weiß, sondern das gewusst wird".

Die Schriftstellerin Marie Luise Kaschnitz (1901 bis 1974) hat zwei Jahre vor ihrem Tod gedichtet:

> *Die Mutigen wissen*
> *Dass sie nicht auferstehen*
> *Dass kein Fleisch um sie wächst*
> *Am jüngsten Morgen*
> *Dass sie nichts mehr erinnern*
> *Niemandem wiederbegegnen*
> *Dass nichts ihrer wartet*
> *Keine Seligkeit*
> *Keine Folter – Ich*
> *Bin nicht mutig.*

Das Gedicht macht deutlich: Bei alldem geht es nicht nur um Beweise, Begriffsbestimmungen, Traditionen, Zweifel, Vermutungen, darum, wer am Ende recht behält. Wie sich einer entscheidet, hängt auch davon ab, was für ein Mensch er ist. Ob er Unsterblichkeit für möglich hält oder nicht, das zu erfahren hat nicht zuletzt einen hohen psychologischen Erkenntniswert. Wer zugibt: Ich bin nicht mutig, dem wird eher geholfen und vertraut als dem, der die Sicherheit ausstrahlt, er wisse, dass mit dem Tod alles aus sei.

Man könne, schreibt der französische Mathematiker und Philosoph Blaise Pascal, „sehr wohl begreifen, dass es einen Gott gibt, ohne zu wissen, was er ist". Als Beispiel für diese Paradoxie nennt er die unendliche Zahlenreihe: Wir wissen, dass „es ein Unendliches der Zahl gibt, aber wir wissen nicht, was dies ist" – die Zahl Unendlich ist weder gerade noch ungerade, dennoch ist sie eine Zahl, und als solche müsste sie entweder gerade oder ungerade sein.

Die Unsterblichkeit der Seele ist unbeweisbar. Wir können nur an sie glauben: als Teilereignis der Auferstehung von den Toten am Ende aller Tage. Ein Mysterium, das sich verstehen lässt, ohne dass wir wirklich wüssten, was es ist.

Wie sich einer angesichts dieses Mysteriums letzten Endes entscheidet, hängt auch davon ab, was für ein Charakter er ist. Welche Philosophie einer wähle, verrate, was für ein Mensch er sei, meinte schon Fichte. Des Menschen bester Freund ist noch immer einer, der die Unsterblichkeit der Seele für möglich hält.

Unsere Abhängigkeit vom Unendlichen

Die Sehnsucht nach der Unsterblichkeit der Seele, so metaphysisch („nach-natürlich") sie ist, hat doch mit sehr physisch-irdischen Regungen des Menschen zu tun. Es gibt ein „anthropologisches Bedürfnis" (Ernst Tugendhat), die Urerlebnisse der Abhängigkeit, Gebrechlichkeit und des Todes zu kompensieren. „Überleben als Leidenschaft", so heißt ein Kapitel in der außergewöhnlichen Studie *Masse und Macht* (1960) des Schriftstellers und Nobelpreisträgers Elias Canetti. Er schreibt: „Der Augenblick des Überlebens ist der Augenblick der Macht. Der Schrecken über den Anblick des Todes löst sich in Befriedigung auf, denn man ist nicht selbst der Tote."[48]

Für Canetti ist die Sehnsucht nach Unsterblichkeit nichts anderes als die Überhöhung der Begierde, „dass man da sein wird, wenn alle andern, die zur selben Zeit gelebt haben, nicht mehr da sind". Gewiss fiebert in der Sehnsucht nach Unsterblichkeit auch diese „Leidenschaft", alle Toten als „edelste Speise" zur Festigung und Steigerung der eigenen Vitalität gleichsam zu konsumieren.

Aber die interessante Frage ist hier doch: Warum empfinden wir diese „geheime Genugtuung" auf Friedhöfen? Warum eigentlich ist der Tod des anderen für uns ein Anlass, das eigene Überleben als „Macht" zu genießen?

Kein Zweifel: Die Überlegenheitsgefühle des heutigen Friedhofsflaneurs sind nicht die Quelle des Glaubens an Unsterblichkeit, sondern eine niedere Ausdrucksform des elementaren, in fast allen Kulturen der Welt virulenten Gefühls, der Mensch

– und zumal das je eigene Ich – habe, obwohl ein vergänglichtes „Produkt" der Natur, einen wie auch immer diffusen Anspruch darauf, die schiere Fäulnis des Körpers zu überbieten. Die Herkunft dieses Urbedürfnisses scheinbar illusionslos als elementare Machtgier zu erklären, ist eine zynische Theorie, eine Mischung aus Nietzsche und Darwin.

Aber wie wäre es, wenn wir in dem Bedürfnis, den Toten und den Tod irgendwie zu überleben, keine niederen Beweggründe irgendwelcher Art sähen, sondern den Ausdruck eines mysteriösen, vielleicht sogar erkenntnisrelevanten Gefühls? Jenes durchaus berechtigten, wenn auch wissenschaftlich nicht zu rechtfertigenden Gefühls nämlich, dass die Seele des Menschen – durch ihren selbstreflexiven, vibrierenden Bezug zum anschaulich unfassbaren All des Seienden – über das archaische Kampfspiel um das Überleben des Stärksten hoch erhaben ist, also zu schade für das Staub-Schicksal der Würmer und Wanzen?

Nichts anderes als das dunkle Gefühl, der archaische Anspruch auf bleibende Größe sei einfach legitim, motivierte wohl Alexander den Großen, sich von dem Maler Apelles – für den Artemistempel im kleinasiatischen Ephesos – mit einem Blitzbündel, dem Attribut des Zeus, und den idealen Gesichtszügen eines überindividuellen Heroen malen zu lassen.

Bei seinem Besuch des Orakels in einer ägyptischen Oase wurde Alexander im Jahr 332 v. Chr. als Sohn des „Zeus-Ammon" begrüßt, als Sohn sowohl des obersten griechischen als auch des höchsten ägyptischen Gottes. „Sohn Gottes", dieses uns einmalig scheinende Attribut für Jesus Christus, war in vorchristlicher Zeit ein geläufiges Adelsprädikat für wichtige Menschen, etwa auch für den ägyptischen Pharao und den persischen König Kyros.

Die ewig gleichen Träume aller Tyrannen dieser Welt, von Alexander dem Großen bis Hitler, durch spektakuläre Siege und Monumente eine beinahe göttliche Macht über alle anderen Menschen, über Zeit und Vergänglichkeit, letztlich über den Tod erringen zu können, ist die Karikatur der Sehnsucht nach der Unsterblichkeit der Seele. Wir sehen: Diese eigentlich sehr humane Sehnsucht ist durchaus pervertierbar und von explosiver Dämonie und keineswegs eine Art Teestundensentimentalität für plaudernde Damen in der Dämmerung.

Der erste bedeutende Platon-Übersetzer deutscher Sprache war der protestantische Theologe Friedrich Daniel Schleiermacher (1768 bis 1834), der in Berlin lehrte, wo auch seine berühmten *Reden über die Religion an die Gebildeten unter ihren Verächtern* (1799) entstanden sind. Religion, sagt Schleiermacher, ist weder mit Theologie oder philosophischer Metaphysik zu verwechseln, noch darf sie, wie bei Kant, ein bloßes Anhängsel der Moral sein.

Ihr eigentliches Ursprungselement ist das Gefühl, ihr eigentlicher Inhalt das Verhältnis zu Gott, und zwar als Gefühl der „schlechthinnigen Abhängigkeit" vom Unendlichen. Fragen wie die, ob es einen Gott als Person oder die persönliche Unsterblichkeit der Seele gebe, seien der Religion nicht wesentlich. In der gefühlten Beziehung zum Unendlichen erfährt hier der Mensch die Erhabenheit des Göttlichen und somit die Ewigkeit in der Zeit – da bedarf es keiner speziellen Unsterblichkeit des Einzelnen mehr.

Angesichts dieser Verschmelzung von Theismus (Gott als Person) und Pantheismus (All-Gott) überrascht es dann, wie tolerant Schleiermacher gegenüber der je individuellen Anschauung des Universums ist, die er in den verschiedenen Einzelreligionen verwirklicht sieht.

Der unersetzliche Einzelne und Einsame ist es ja auch, der im Gefühl sich ausdrückt und vom Gefühl geprägt wird – der Maler dieser romantischen Weltemotion heißt Caspar David Friedrich.

Kurz vor seinem Selbstmord im November 1811 schrieb der Dichter Heinrich von Kleist einen Abschiedsbrief an Sophie

Müller. Darin heißt es, er und seine Todespartnerin Henriette A. Vogel seien im Begriff, sich „wie zwei fröhliche Luftschiffer" über die Welt zu erheben.

Von Schleiermacher und Kleist lernen wir: Die Frage nach der Unsterblichkeit der Seele lässt sich kaum in verallgemeinerungsfähigen Begriffen und theoretischen Ableitungen, schon gar nicht neurologisch oder astrophysikalisch beantworten.

Unsterblichkeit der Seele – das ist im Grunde eine Gefühlsvision, eine Intuition im Sinne von Schleiermachers Religionsbegriff; aber sie ist keine blinde Gefühlsaufwallung oder schlierige Sentimentalität, sondern eine wirklichkeitsnahe, doch gegenstandsfreie Befindlichkeit, die uns eine Grundverfassung des Menschen erschließt: unsere schlechthinnige Abhängigkeit vom Unendlichen. Das Zeitwort „fühlen" meinte ja nie bloßes Blubbern des Irrationalen, das möglichst rasch durch die Ratio diszipliniert gehört. Es zielte ursprünglich auf eine weniger methodisch angelegte, dadurch aber vielleicht auch hellsichtigere Erkenntnis: Im Sinne von „betasten", „spüren", „merken", deutlich „empfinden", was gegenständlich nicht verfügbar ist.

Heideggers Standardwerk *Sein und Zeit* enthält ein Kapitel über das „Dasein als Befindlichkeit", das den Terminus „Gefühl" definitiv aus aller verschwommenen oder alternativen Gefühlsduselei befreit. In der „stimmungsmäßigen Erschlossenheit" des Seins wird dem Menschen etwa, ohne wissendes „Erschließen", überfallartig der „Lastcharakter des Daseins" deutlich – dass er nämlich in seine Faktizität „geworfen" ist, deren Woher und Wohin ihm dunkel bleibt, das er gleichwohl in die Verantwortung übernehmen muss. Heidegger: „Die Befindlichkeit erschließt das Dasein in seiner Geworfenheit und zunächst und zumeist in der Weise der ausweichenden Abkehr"[49] – wobei alles behilflich ist, was als so genannte Unterhaltung große Zweige der Medienindustrie am Leben hält.

Diesem existenziellen Grundgefühl der Geworfenheit, das unsere Bindungen an alle Einzelheiten und Situationen des

Lebens wie ein tiefer Orgelton begleitet, ist eine eigenartige Todesnähe eingraviert. Sie kann in Euphorie umschlagen und so verzweifelt jubilieren wie bei Kleist in seinem Abschiedsbrief: Die Seele erlebt sich dabei als „fröhlicher Luftschiffer", der sich dem All des Seins öffnet: dem Unendlichen, das der Verstand benennen und denken, aber nicht aus einer abgeschlossenen Anschauung heraus begreifen kann.

Wir wissen: Das All ist raumzeitlich unendlich, auch wenn das Leben auf unserer Erde in ungefähr 600 Millionen Jahren den Hitzetod stirbt und die Sonne nur noch 6,5 Milliarden Jahre nuklearen Brennstoff hat, das Sonnensystem in seiner jetzigen Verfassung also endlich ist (diese Endlichkeit hat Aristoteles für den ganzen Kosmos angenommen). Weil wir die wahre Unendlichkeit des Alls aber nicht anschauen und fassen können – wir können noch nicht einmal bis unendlich zählen –, ist das Gefühl, die letztlich dann doch in Hoffnungsfarben getauchte, erschließende Grundgestimmtheit, verbündet mit der spekulativen Vernunft (im Unterschied zur bloß rechnenden Ratio), unser wahres Raumschiff ins All – die realen Raumschiffe kommen niemals weit genug.

Wir müssen Schleiermacher und den frühen Heidegger zusammendenken, damit kein wohlfeiler New-Age-Kitsch dabei herauskommt. „Ohne die Projektion einer übernatürlichen Person, der gegenüber ich dafür, wie ich lebe, verantwortlich bin, müsste vielleicht die Idee, verantwortlich zu sein dafür, wie ich lebe, entfallen", so Tugendhat in seinem Aufsatz „Von der Notwendigkeit und Unmöglichkeit eines religiösen Glaubens".[50] Dann entfiele auch, so Tugendhat im Anschluss an Kierkegaard, „der Ernst des Lebens", zumal in meinem „Bezug auf mich" selbst.

Unsterblichkeit der Seele kann heute, so betrachtet, ein Begriffsbild dafür sein, dass wir die übernatürliche Person Gott, die als fürsorglicher oder strafender Vater über jeglicher Kreatur unglaubwürdig (da schließlich doch wieder endlich) ist, in einen mystischen All-Bezug hineinzuziehen. Solcher All-Bezug bewahrt und erneuert den „Ernst des Lebens" im Licht eines großen Gefühls, einer aus Schauern und Staunen gemischten Befindlichkeit ohne moralische Drohgebärde eines Allerhöchsten. Diese Befindlichkeit weigert sich, von einer Kraft, die uns nicht weniger als das Ganze des Seienden zu erahnen erlaubt, so gering zu denken wie von einem taumelnden Glühwürmchen in der Dämmerung.

Die Grundbefindlichkeit, die sich bei der betrachtenden und reflektierenden Vertiefung ins All des Seienden und in die Sensation, dass „überhaupt etwas ist", einstellen kann, ist nicht nur das Gefühl der Abhängigkeit und Geworfenheit, sondern auch ein mystisches Glücksempfinden. Rüdiger Safranski beschreibt es in *Ein Meister aus Deutschland: Heidegger und seine Zeit*, ein wenig sich distanzierend von der „Angst"-Verliebtheit des jungen Philosophen: „Im Jubel wird das Dasein zu jenem Himmel, in den die Welt und die Dinge kommen, wenn sie in ihrem staunenswerten ‚Dass' erscheinen. Um diese offene Stelle des Daseins bewahren zu können, muss das Denken [...] darauf achten, dass diese Offenheit nicht mit Vorstelllungen aller Art zugestellt wird."[51]

Das Gefühl des unbeschreiblichen Ganzen darf nicht vermarktet werden, weder mit weltanschaulichen Etiketten noch mit neurologisch-psychotechnischem Abrakadabra um den Zauber seiner komplexen Einfachheit gebracht werden. Diese Unsterblichkeit, verstanden als betrachtender, begeisterter Ausstieg aus der Lebensmühle, die ein langsames Sterben ist – sie ist ein Adelsprädikat der Seele, das kein irgendwie fernes, letztlich dann doch räumlich-gegenständlich vorgestelltes Jenseits, keinen platten Ewigkeitsbegriff und auch keinen kirchlichen Segen braucht. Sie ist ein undogmatischer Grund für die Menschenwürde, wahrlich „unantastbar" (deutsches Grundgesetz) für alle Karrieristen und Manipulatoren dieser Welt.

Im fünften Dialog seiner Schrift *Über das Unendliche, das Universum und die Welten* aus dem Jahr 1584 schreibt Giordano Bruno: „Man braucht also nicht nachzuforschen, ob es außerhalb des Himmels Ort, Leeres oder Zeit gibt; denn der allgemeine Ort ist einer, einer der unermessliche Raum, den wir die Freiheit haben, das Leere zu nennen; in welchem unzählige und unendlich viele Kugelkörper sind, so wie dieser, auf dem wir leben, darin ist. Diesen Raum nennen wir unendlich, denn es gibt weder einen Grund noch einen Vorteil, noch einen Sinn, noch ein Wesen, die ihn zu begrenzen zwängen: In diesem Raum sind unendlich viele Welten gleich dieser, die der Gattung nach nicht von ihr unterschieden sind … es sind also unendlich viele Bewegbare und Beweger, welche alle auf einen wirkfähigen und erleidensfähigen Anfangsgrund (*principio*) zurückgehen, so wie jede Zahl auf die Einheit zurückgeht."[52]

Der eine, alles bewegende, alles denkende Ur-Geist ist der Ursprung der unendlichen Welten wie die Zahl Eins die unabschließbare Zahlenreihe ins Unendliche erzeugt. So dachte der neapolitanische Dominikanermönch Giordano Bruno, der im Jahr 1600 wegen seiner auf die Welt angewandten Unendlichkeitsthese als Ketzer verurteilt wurde, zum Tod auf dem Scheiterhaufen: Er wurde tatsächlich hingerichtet – für einen Gedanken! Die katholische Kirche erklärte die Welt damals noch für endlich, allein Gott durfte „unendlich" gedacht und genannt werden.

Die Nicht-Endlichkeit des menschlichen Geistes zeigt sich – unabhängig davon, dass er Leben und Tod zusammendenken kann – schon in der Selbstreflexion, die sich ohne Ende perpetuieren lässt wie die Zahlenreihe: Ich denke mich als den, der sich denkt, der sich als den sich Denkenden denkt, der wiederum diesen sich selbst Denkenden denkenden denkt und so fort. Diese unabschließbare Selbstreflexion macht das Ich zu einem Spiegel der Unendlichkeit von Zahl, Raum und Zeit. Aber der Geist ist auch insofern unendlich, als er in dem Begriff

„Sein" sozusagen auf einen Schlag alles benennen (und befragen) kann, was überhaupt ist, auch das fernste Unsichtbare, sofern es nur „ist". Diese Vielfachbegabung zur komplexesten Unendlichkeit ist wohl das fundamentalste Rätsel des menschlichen Daseins.

Heidegger nennt dieses Dasein, wie bereits erwähnt, treffend eine „Lichtung des Seins" im Seienden. Nur in dieser Lichtung treffen sich die Dinge des Universums zur Selbstreflexion, wie sich die Bürger einer traditionellen europäischen Stadt abends auf der Piazza (oder dem Rathausplatz) zum Gespräch über ihren Tag und das Leben allgemein treffen. In der Lichtung aus Einsicht und Gefühl erreichen die Dinge den Spiegel ihrer eigenen Gegenwart, Abgründigkeit, Grenzenlosigkeit und Schönheit.

Die dabei sich aufdrängende, zentrale philosophische Frage, warum überhaupt Seiendes und nicht vielmehr nichts ist, betrifft ja nicht nur den einzelnen Menschen in seiner aufgeregten „Existenz"; sie umgreift das ganze, unvorstellbar weite und grenzenlose Universum einschließlich der menschlichen Vernunft, die diese Unendlichkeit denken und in Zahlen ausdrücken und sogar ein wenig berechnen, aber letzten Endes dann doch nicht begreifen kann.

Unsere – gewiss persönliche, weder kirchlich sanktionierte noch wissenschaftlich verifizierbare, aber vernünftig durchaus verantwortbare – Antwort auf diese zentrale Frage lautet: Alles Seiende, sofern es überhaupt ist, hat Anteil am Sein und ist insofern „gut", als es besser ist als nichts. Alles Seiende – das ist das Universum von der fernsten Galaxie bis zum kleinsten Sandkorn auf der Erde und dem einsamsten Ich inmitten von vielen Milliarden Milchstraßen und Artgenossen. Aber nur das menschliche Dasein ist in der Lage, alles dieses so genannte Seiende gleichzeitig zu denken, nämlich sofern es alles „ist" und nicht vielmehr nicht ist, sofern es zum Staunen zwingt und zur Frage, was es letztlich mit alldem denn auf sich habe. Wenn wir nur fragen, was dieses „ist" genau bedeutet, so wird rasch klar: Der Sinn, das Woher des Verstehens von „Sein", scheint uns vertraut, ist aber eigentlich völlig dunkel.

Der Sinn des so aufgefassten Ganzen lässt sich naturwissenschaftlich nicht finden, weshalb Naturwissenschaftler und Techniker – etwa der erste russische Weltraumfahrer – Gott im All vermissen und dann leichthin sagen, es „gebe" diesen Gott gar nicht.

Wenn wir derartig das umfassende Geheimnis unserer Existenz befragen, müssen wir uns klarmachen, wie seltsam und in der Natur einzigartig dieser Vorgang ist: Der Fragende und das Befragte sind identisch, und die Antwort auf unsere Frage nach dem Ursprung des dem Sein geöffneten Geistes, also nach unserem eigenen Ursprung als Geistwesen, wird erwartet von jenem Organ, das nun gerade selbst infrage steht: von unserer vernunftbegabten Seele, von unserem Geist. Dessen besonders staunenswerte Fähigkeit ist es aber gerade, diese Frage nach sich selbst überhaupt stellen zu können – in eins mit der Frage nach unserem Selbst-Werden durch die Frage nach dem Sinn des Seins von allem, sofern es überhaupt ist.

Das Selbst-Werden unseres Bewusstseins durch Fragen dieser Art ist ein Grundvorgang der klassischen griechischen *paideia*, jener „Erziehung" des „schöngguten" Menschen durch Bildung, Ästhetik, Ethik, Sport, Rhetorik und philosophisches Wissen. Diese Erziehung wird heute weitgehend durch das – wenn auch oft spielerisch aufbereitete – Vermitteln von Fachkenntnissen ersetzt, woraufhin die vernachlässigte Menschenbildung meist später durch so genannte Sozialpädagogen, eine Art humanistischer Feuerwehr, nachgeholt werden muss. Ein Grundfehler des gymnasialen oder gesamtschulischen Ethikunterrichts ist die Fixierung auf moralische Prinzipien-Unterweisung – anstelle einer kosmo-psycho-ontologischen (der Ausdruck sei erlaubt) Orientierung in den Grundfragen unseres Selbstverständnisses. Wer sich diesen Grundfragen ernsthaft und intensiv zuwendet, wer auch im Schüler jene Mischung aus Stolz und Demut forcieren kann, die der nachhaltige Blick auf die Einzigartigkeit des menschlichen Geistes im gigantischen All nun einmal weckt, der findet und weist den Weg zu einer moralischen Lebensführung müheloser als einer, der sich bloß mit allerlei Normendebatten plagt.

Der Fernsehkomödiant Hape Kerkeling, der unter dem Titel *Ich bin dann mal weg* 2006 über seine Pilgerreise auf dem Jakobsweg ins spanische Santiago de Compostela berichtet hat, eins der erfolgreichsten Bücher der letzten Jahre (seit Erscheinen über drei Millionen verkaufte Exemplare), verbindet ganz mühelos den Entschluss zu einem Ethos der Askese, zu einer Grundhaltung der vom Leben zwischen Geldautomat, Sexmaschine und Karrierestress abrückenden Nachdenklichkeit, mit spirituellen Erlebnissen der Gottesnähe, die ihn auch schon mal zum Weinen bringen. Merke: Sinnsuche geht vor Moralpredigt – und die Moral folgt irgendwann wie von selbst.

Das Bild vom Hund, der wie wahnsinnig um sich kreisend die eigene Rute jagt und nie einholt und sehr lange nicht aufgibt, empfiehlt sich auch für den fragenden Menschen, der verstehen will, warum er überhaupt die Frage „Warum?" stellen kann und stellt. Mit jeder positiven Antwort auf die Frage nach dem Sinn des Absoluten (des umfassend Wirklichen und Gültigen) vergegenständlichen, relativieren wir dieses Absolute; und erfassen immer nur einen Teil des Ganzen, zu dem wir schon als Kinder oder im Schlaf gehören, bevor wir aufwachen, Subjekt und Objekt unterscheiden und dann im Hin und Her zwischen diesen beiden versuchen, den gemeinsamen Sinn des so Unterschiedenen zu finden – meist vergeblich. Dieses Ganze, ernsthaft gedacht und nicht bloß schlampig benannt, ist wahrhaftig unfassbar, unfassbar auch im Sinne von: schlechthin zu bewundern oder, als schlechthin Unkontrollierbares, zu fürchten.

Unsterblichkeit der Seele meint auch den exklusiven, evolutionär zwecklosen, ja eher dem energischen Überlebenskampf hinderlichen Bezug unseres Geistes zum unvorgreiflichen Ganzen, das sich sofort entzieht, sobald wir seine Einzelheiten und seine Gesetze betrachten.

Das Gefühl der schlechthinnigen Abhängigkeit vom Unendlichen ist, so präzisiert, beklemmend; wir empfinden uns, die stolzen Geistesriesen, dabei als kleine Würmer. Aber es ist auch befreiend, weil es uns mitteilt: Es gibt ein größeres Unbekanntes, das wichtiger und mächtiger ist als das jeweils winzige Ich.

Wir können dieses größere Unbekannte als Ungeheuer, als vernichtenden Schlund und drohendes Untergangsinferno am Ende unserer Tage fürchten; aber wir können es auch elementar bejahen, ja verehren, als sei es ein großer Gott, der uns ebenfalls bejaht.

Wie gelangen wir zur Entscheidung zwischen diesem Ja und der Angst vor dem Monströsen? Was kann jenes Grundvertrauen beflügeln, das allem Glauben an so fantastische Gedankengebilde wie Gott und Unsterblichkeit zugrunde liegt?

Zunächst einmal: Der Gott, der hier gemeint ist, gehört keiner kirchlichen Konfession allein. „Gott" ist das alte Zauberwort für das Absolute, für das umfassend sinnvolle Sein in allem, was ist. Ursprünglich sächlich („das Gott"), bezeichnet es das im Zauberspruch des Schamanen oder Priesters Angerufene, das hohe Wesen einer Stammes-, Fruchtbarkeits-, Berg- oder Wettergottheit, zuweilen auch als Kollektiv der (männlichen wie weiblichen) Götter intendiert (die feministische Kritik am männlichen „Macho"-Gott kann sich beruhigen: „das" Gott hat kein Geschlecht). Durch jüdische Propheten, auch unter dem Druck der babylonischen Exilerfahrung, zum allermächtigsten Helfer in der Not, zum Alleinherrscher über alle anderen Götter erhoben, wurde dieser Gott unter dem Einfluss der griechischen Philosophie im Christentum veredelt und ver-

innerlicht: zum Weltbaumeister und Weltenlenker, zum barm-
herzigen, allwissenden Geist, der in Jesus anschaulich wird und
jene Welt, die er schuf, liebend rettet – die letzte Hoffnung aller
Einsamen, Sterbenden und Unterdrückten.

Den Abgrund bejahen: Keine Beweise,
doch drei Wege zur Begründung

Aus der Tiefe der respektvoll betrachteten Kulturgeschichte der Menschheit holen wir denn auch das erste, sozusagen autoritätsabhängige Argument für unser „Ja" zum Unbekannten: Die altindische *Bhagavad Gita*, der zwischen dem 4. vorchristlichen und dem 4. nachchristlichen Jahrhundert entstandene „Gesang des Erhabenen", in dem der Mensch gewordene Gott Vishnu die Erlösungswege des selbstlosen Tuns, der Erkenntnis und der Liebe verkündigt, rühmt Gott als den „höchsten Ruheplatz des Alls". Aristoteles spricht, durchaus ähnlich, wiewohl in einem völlig anderen Kulturkreis, vom allerhöchsten „unbewegten Beweger", der über allem Handel und Wandel der Welt steht, indem er diesen erst ermöglicht.

Dass so extrem unterschiedliche Kulturen der Alten Welt fast gleichzeitig, aber unabhängig voneinander in ziemlich identischer Gedankenführung einen elementaren Gegensatz der Welt, das Bleibende und den Wechsel, dialektisch zusammenführen, indem sie das Eine als Ur-Sache des Anderen und der Andersheit denken, ist schon ein Wunder für sich – und nährt den Verdacht, es könnte letztlich doch im Sein und nicht bloß in der Fantasie gegründet sein.

Eine respektable Autorität durch die Jahrhunderte bilden auch jene Anhänger der Unsterblichkeit, die keine spirituellen Spinner, sondern philosophisch argumentierende, nüchterne Mathematiker waren: Platon, Descartes, Leibniz, Kant, Bolzano, Whitehead, Planck und andere.

Der zweite Bejahungsgrund stammt aus unserer alltäglichen Lebenserfahrung: dem Erlebnis der Schönheit, in der Kunst, zumal der Musik, und in der Natur. Was die Natur betrifft, so lässt sich die Landschaftsmalerei vom 17. bis weit ins 19. Jahrhundert hinein als eine Kunst zusammenfassen, die Gott und die unsterbliche Seele mit Auge und Pinsel gesucht hat, indem sie nämlich jedem noch so wild wirkenden Ausschnitt der Natur eine geheime Symmetrie unterlegt hat, eine lebendige Harmonie der Formen, Spannungen und Farben. Die transzendente Qualität solcher Naturharmonie, sei sie nun gemalt oder real erlebt, gleitet dann widerstandslos hinüber zu der Erfahrung der Liebe; wohlgemerkt: der echten, erst in der ehrlichen Hinwendung zum anderen eigene Kraft schöpfenden Liebe.

Dann ist da noch die Erfahrung des Guten und Gerechten, ein spontanes, kulturübergreifendes, nicht immer reflektiertes Glücksempfinden beim Erlebnis alltäglicher, schlichter Rechtschaffenheit und Gerechtigkeit. Die Erfahrung sozialer Harmonie und des praktischen Ausgleichs der Interessen – der Lebensbalance – gehört dazu.

All diese Quellen der gut grundierten Bejahung des Lebens trotz all seiner Abgründe müssen sich immer wieder gegen die scheinbare Übermacht von Niedertracht, Falschheit, Eitelkeit, Machtgier, schlaue Dummheit, Hässlichkeit, Streitsucht, Ego-Wahn, Dominanzstreben und Brutalität behaupten; sie schaffen es letztlich, wenn auch nicht ohne Mühe.

Eine Welt, die nur, wie einige Evolutionsbiologen meinen, auf den Überlebenskampf egoistischer Gene setzen würde, böte keinen zureichenden Grund für das hartnäckig wiederkehrende Vorkommen von Mitgefühl und Selbstlosigkeit solcher Individuen, die zu diesen Regungen durchaus auch fähig sind, wenn sie *nicht* der Arterhaltung oder dem sozialkulturellen Gruppenvorteil dienlich sind. Auch das Rätsel dieses Vorkommnisses können wir, um Vertrautheit mit ihm herzustellen, „Gott" zuschreiben, ohne Genaueres erklären zu können.

Selbstlosigkeit, überirdische Harmonie, die Schönheit romantischer Entgrenzung – dafür steht eine Gestalt wie Ophelia. Das schöne Mädchen, vom Dänenprinz Hamlet, der es umwarb, verlassen, wird nach dem Tod seines Vaters Polonius – den ausgerechnet Hamlet versehentlich erstach – wahnsinnig und ertrinkt im Fluss. Der zur Gruppe der Präraffaeliten gehörige Brite John E. Millais (1829 bis 1896) malt im Jahr 1852, mitten in jenem Jahrhundert, welches das metaphysische Abendland vom technischen Zeitalter trennt, diese Ophelia als träumende, von hübschen Pflanzen umkränzte Menschenseele im Wasser, die den Blick in den unendlichen Himmel richtet.

Ein Bild, das viele Deutungen provoziert und dann auch folgende erlaubt: Es zeigt die strukturelle Weiblichkeit – mehr Sein als Handeln, wie Hegel meinte – der Seele in der Grenzüberschreitung zu einem Jenseits, das im Kosmischen verweht, einer Grenzüberschreitung, die Tod und Unsterblichkeit zugleich bedeuten kann. Indem Millais Ophelias anrührendes Ende auf diese Weise romantisch verklärt, feiert er sozusagen ein letztes Mal den poetischen Blick auf Tod und Leben des Menschen.

Wenige Jahre nach dieser Feier beginnt der herbe Alltag metaphysischer Wohnungsnot, nüchterner Medizintechnik und industrieller Todesmaschinerie, der im Ersten Weltkrieg, erst recht in den späteren Vernichtungslagern der Nationalsozialisten und Stalinisten, apokalyptische Dimensionen erreicht.

Die gemalte Ophelia ermahnt uns: Wir sollten niemals Fragen wie die nach der Unsterblichkeit allein vom eindimensionalen, tendenziell kalten und verdinglichenden Denken des modernen Naturtechnikers beantworten lassen.

Unsterblichkeit zu denken, das ist auch philosophische Poesie, das Plädoyer für eine grundsätzlich träumerische, vom analysierten Ding zum unfassbaren Ganzen des Daseins sich aufschwingende Sicht auf Leben und Tod. Just in dem „Mehrwert", den der Begriff der Unsterblichkeit gegenüber der uner-

bittlichen „Bio-Logie" des Todes benennt, liegt ein Hoffnungs-
reservoir, das ernst zu nehmen ist, auch wenn wir es im Labor
nicht verifizieren können. Der Kosmos ist eben kein Labor. Er
ist die größte weltliche Kirche unseres Lebensgeheimnisses, die
sich vorstellen lässt.

Und schließlich, drittens: Es gibt ein spontanes Urvertrauen
in die Ganzheit jedes Dings, sei es nun eine große Kugel, deren Rückseite wir ergänzend annehmen, obwohl wir sie nicht
direkt sehen, etwa die Erde, sei es ein Hochhaus, das wir nur
teilweise mit dem Blick erfassen können, oder ein Gebirge,
hinter dem, so glauben wir unbesehen, es selbstverständlich
weitergeht mit Tal, neuem Berg, Ebene.

Bei den genannten Beispielen können wir gewiss das, wo-
rauf wir spontan bauen, vom Flugzeug aus oder durch genauere
Betrachtung durch Fernrohr und ähnliches Gerät überprüfen.
Doch wir übertragen diese Urerfahrung, die aus der tausend-
fachen täglichen Ergänzung partieller Gegenstandserfahrung
jeweils „runde", „komplette" Phänomene macht, mehr oder
weniger unbewusst auf alles, was ist: auf das Universum, auf
die Geschichte, auf das Gelingen des Tages, auf unser Leben.
Ohne diese meist unbewusste Übertragung gäbe es für uns
kein einziges biologisches Ganzes.

Unser Gefühl, das Ganze dieser einen Welt, letztlich wohl
auch das unendlich sich dehnende All, sei nun mal rund (die
Oberfläche der Kugel, dieses formal wie flächenökonomisch
perfekten Körpers, ist ja unendlich) und komplett, übertragen
wir gern auch auf die ruhelose Seele: Letzten Endes muss auch
sie eine Komplettierung, eine „Voll-Endung" ihres Daseins finden, die ihrer würdig ist – und das meint der Begriff Unsterblichkeit, wie auch immer er zu differenzieren ist.

Klar ist dabei nur: Simple Sterblichkeit, das bloße Aufhören
von allem mit dem Herzstillstand, wäre zu wenig angesichts
dieses gewaltigen, kosmisch inspirierten Vorlaufs: Es wäre einfach nicht rund.

Anhänger der so verstandenen existenziellen „Ab-Rundung" im großen Stil, die selbst die Seele umgreift, dürfen von den Skeptikern, den Anhängern des Fragmentarischen und der „offenen Form" durchaus auch einmal die Umkehrung der „Beweispflicht" verlangen: Nicht der selbstverständliche Liebhaber des Runden und Geschlossenen muss sich beweisen, sondern der grimmige Verfechter von Zerrissenheit, Spitzwinkligkeit, Dissonanz und ewigem Tod. Es ist ja wirklich die Frage, wieso die radikale Todesthese unbewiesen für fast selbstverständlich gehalten wird, während der Anhänger des Selbstverständlichen – der letztlichen Abrundung aller Existenzen und der Balance zwischen den widerstreitenden Kräften der Natur – ständig aufgefordert wird, die positiven Ungeheuerlichkeiten, die er intuitiv annimmt, umständlich zu beweisen.

Sagst du Nietzsche, sage ich Goethe; sagst du Sartre, sage ich Thomas von Aquin. Wer hat recht? Der mit dem tieferen Gefühl für das *bonum*, für die elementare Güte von allem, das nicht nicht ist: von allem, das lebt.

Fassen wir kurz unsere drei Hauptwege zur Bejahung des abgründigen Grundes von allem, was ist – diese Bejahung ist die Voraussetzung aller Hoffnung auf eine wie auch immer einzugrenzende Unsterblichkeit - zusammen: Wir sagen „Ja" zum großen Unbekannten,

1. weil so viele Autoritäten, die klüger waren, als wir es sind, seit Jahrtausenden die eine Ur-Sache „Gott" genannt haben;
2. weil unzählige, für den Überlebenskampf „überflüssige" Erfahrungen von ästhetischer und sozialer Harmonie, des Schönen in Kunst und Natur, auch der romantischen Entgrenzung des Subjekts, die letztliche Überlegenheit des Guten über alle Schreckensmächte nahelegen;
3. weil wir im Alltag nur damit leben können, die „Ab-Rundung" aller Dinge und Entwicklungen trotz aller Schwierigkeiten, auch die definitive Ergänzung unserer großen Sehnsucht nach Beständigkeit schlechthin, intuitiv anzunehmen.

Ein Spruch, der auf einem Grabstein des 19. Jahrhunderts zu lesen ist, lautet: „Trennung ist unser Loos, Wiedersehen unsere Hoffnung." Der Spruch enthält beides: die realistische Sicht auf den Tod und den schwärmerischen Ausblick auf etwas, das diesen Tod überflügelt – auf die „end-gültige" Einheit der Seele mit allem, was ist, auf das „Wiedersehen" mit denen, die der Gestorbene verlassen hat.

In seiner wunderbar einfachen Verbindung von Realismus und Romantik verdient es dieser Grabspruch, unsere Überlegungen abzuschließen – mit einem verhaltenen Mut zum Bekenntnis.

Anmerkungen

1 Hermann Schmitz: *Der unerschöpfliche Gegenstand – Grundzüge der Philosophie*. Bonn 1990, S. 50.

2 Ebenda, S. 201.

3 Für die Äußerungen von Johannes Heesters, Martin Walser und Marcel Reich-Ranicki siehe SPIEGEL-Titelgeschichte „Die Reise ins Licht", DER SPIEGEL, Heft 15/2007.

4 Walter Schulz: „Zum Problem des Todes", in: Ders.: *Vernunft und Freiheit*. Stuttgart 1981, S. 156

5 Rafael Ferber: *Die Unwissenheit des Philosophen oder Warum hat Plato die „ungeschriebene Lehre" nicht geschrieben?* München 2007, S. 67.

6 Hermann Müller-Karpe: *Geschichte der Steinzeit*. München 1974, S. 248.

7 Peter Paulsen: *Alemannische Adelsgräber von Niederstotzingen*. Stuttgart 1967, S. 147.

8 Michael Gebühr: „Hoffnung auf und Furcht vor Wiederkehr", in: *Wege ins Jenseits. Mit Walküren zu Odin, mit Engeln zu Gott*, hg. von Herwig Guratzsch und Claus von Carnap-Bornheim. Schleswig-Holsteinische Landesmuseen, Neumünster 2005, S. 147.

9 Mechtild Freudenberg: „Was tun mit der Leiche? Über den Umgang mit Toten in Neolithikum und Bronzezeit", ebenda, S. 12ff.

10 Mircea Eliade: *Geschichte der religiösen Ideen*, übers. von Elisabeth Darlap. Band 2, Freiburg 1979, S. 144.

11 Manfred Clauss: *Das alte Ägypten*. Berlin 2001, S. 124.

12 Hermann A. Schlögl: *Das alte Ägypten*. München 2006, S. 82f.

13 Walter Burkert: *Antike Mysterien*. München 1990, S. 77.

14 Erwin Rohde: *Psyche – Seelencult und Unsterblichkeitsglaube der Griechen*. Darmstadt 1974, S. 128f.

15 Die Klammererläuterungen sind Verständnishilfen, sie stammen nicht von Plinius.

16 Hans Sedlmayr: *Die Entstehung der Kathedrale*. Graz 1988, S. 605.

17 Für die folgenden Leibniz-Zitate aus der *Monadologie* siehe: *Gottfried Wilhelm Leibniz – Auswahl aus seinen Werken*, hg. von Friedrich Heer. Frankfurt a. M. 1958, S. 123ff.

18 Für die folgenden Mendelssohn-Zitate siehe: Moses Mendelssohn: *Phädon oder über die Unsterblichkeit der Seele*. Hamburg 1979, S. 43ff.

19 Bernard Bolzano: „Athanasia", in: Ders.: *Philosophische Texte*, hg. von Ursula Neemann. Stuttgart 1984, S. 171.

20 Rober Spaemann, *Der letzte Gottesbeweis*. München 2007, S. 29.

21 Ebenda, S. 32.

22 Michael von Brück: *Ewiges Leben oder Wiedergeburt? Sterben, Tod und Jenseitshoffnung in europäischen und asiatischen Kulturen*. Freiburg 2007, S. 98.

23 Michael von Brück: *Einführung in den Buddhismus*. Frankfurt a. M. 2007, S.176.

24 Arthur Schopenhauer: *Die Welt als Wille und Vorstellung*, in: Ders.: *Sämtliche Werke*, hg. von Arthur Hübscher. Wiesbaden 1966, Band 2, S. 394.

25 Tiziano Terzani: *Das Ende ist mein Anfang*. München 2007, S. 12 und 16

26 Detlef Linke: *Das Gehirn*. München 1999, S. 9f.

27 Ludwig Siep: *Identität der Person. Aufsätze aus der nordamerikanischen Gegenwartsphilosophie*. Basel/Stuttgart 1983, S. 16.

28 Strawson-Zitat aus *Einzelding und logisches Subjekt*, ebenda, S. 16.

29 In der von Eberhard Nestle überarbeiteten Luther-Übersetzung. Stuttgart 1930.

30 Benedikt XVI.: Enzyklika *Spe salvi*, www.vatican.va/holy_father/benedict_xvi/encyclicals/documents/hf_ben-xvi_enc_20071130_spe-salvi_ge.html

31 Joseph Ratzinger: *Eschatologie – Tod und ewiges Leben*. Neuausgabe der 6. erw. Auflage von 1990. Regensburg 2007, S. 12.

32 Bertram Stubenrauch: *Was kommt danach? Himmel, Hölle, Nirwana oder gar nichts*. München 2007, S. 226.

33 Dieses und die folgenden Ratzinger-Zitate siehe: Joseph Ratzinger: *Eschatologie – Tod und ewiges Leben*, a.a.O., S. 127ff.

34 Thomas Metzinger: *Neuere Beiträge zur Diskussion des Leib-Seele-Problems*. Frankfurt a. M./Bern 1985, S. 251.

35 Studs Terkel, *Gespräche um Leben und Tod. Grenzerfahrungen,*

Ängste, Wünsche und Hoffnungen. Aus dem Englischen von Inge
Leipold. München 2002, S. 216f.

36 Michael Schröter-Kunhart, „Nah-Todeserfahrungen", in: Hans
Kessler (Hg.): *Auferstehung der Toten. Ein Hoffnungsentwurf im
Blick heutiger Wissenschaften*, Darmstadt 2004, zitiert nach Ber-
tram Stubenrauch: *Was kommt danach?*, a.a.O., S. 267f.

37 Richard Dawkins, *Der Gotteswahn.* Aus dem Englischen von
Sebastian Vogel. Berlin 2007, S. 351.

38 Ebenda, S. 109f.

39 Ernst von Aster: *Geschichte der Philosophie.* Stuttgart 1956,
S. 302f.

40 Peter Rohs: „Die Zeitlichkeit von Leib und Seele", in: *Zeiterfahrung und Personalität.* Forum für Philosophie. Frankfurt a. M.
1992, S. 210ff.

41 Edmund Husserl, „Phänomenologie des Zeitbewusstseins", in:
Ders.: *Phänomenologie der Lebenswelt. Ausgewählte Texte II,*
hg. von Klaus Held. Stuttgart 1986, 89f.

42 Ebenda. Die Erläuterungen in Klammern sind eine Verständnis-
hilfe und stammen nicht von Husserl.

43 Peter Rohs: „Die Zeitlichkeit von Leib und Seele", a.a.O., S. 217.

44 Für die Heidegger-Zitate siehe: Martin Heidegger, *Sein und Zeit,*
Tübingen 1963, darin Zweiter Abschnitt: „Dasein und Zeitlichkeit".

45 Walter Bröcker, in: Peter Rohs: „Die Zeitlichkeit von Leib und
Seele", a.a.O., S. 218.

46 Richard Holloway, *Die Dunkelheit zwischen den Sternen. Die
Suche des Menschen nach dem Sinn des Lebens.* Aus dem Englischen von Sebastian Vogel. München 2007, S. 42.

47 Für die Kierkegaard-Zitate siehe: Sören Kierkegaard, *Die Krankheit zum Tode.* Aus dem Dänischen von Liselotte Richter. Frankfurt a. M. 1984, S. 59ff.

48 Elias Canetti, *Masse und Macht.*, Frankfurt a. M. 1997, S. 318.

49 Martin Heidegger, *Sein und Zeit*, a.a.O., S. 136.

50 Ernst Tugendhat, „Von der Notwendigkeit und Unmöglichkeit
eines religiösen Glaubens", in: Uwe Justus Wenzel (Hg.), *Was ist
eine gute Religion?* München 2007, S. 92ff.

51 Rüdiger Safranski, *Ein Meister aus Deutschland: Heidegger und
seine Zeit.* München 1994, S. 367.

52 Giordano Bruno, *Über das Unendliche, das Universum und die
Welten.* Aus dem Italienischen von Christiane Schultz. Stuttgart
2004, S. 166.

Literaturhinweise

Albertus Magnus: *Liber de natura et origine animae, Über die Natur und den Ursprung der Seele*, übers. von Henryk Anzulewicz. Freiburg 2006.

Aristoteles: *Über die Seele, de anima*, übers. und hg. von Horst Seidl. Hamburg 1995.

Aster, Ernst von: *Geschichte der Philosophie*, Stuttgart 1956.

Bergemann, Ernst: *Kosmische Religiosität – Eine ganzheitliche und menschliche Perspektive*. Zum 60. Todestag von Max Planck. Berlin 2007.

Bolzano, Bernard: *Athanasia oder Gründe für die Unsterblichkeit der Seele*, 1827; Bernard-Bolzano-Gesamtausgabe Band 4, hg. von Eduard Winter, Jan Berg u.a., Stuttgart 2007.

Ders.: *Philosophische Texte*, hg. von Ursula Neemann, Stuttgart 1984.

Brück, Michael von: *Einführung in den Buddhismus*. Frankfurt a. M. 2007.

Ders.: *Ewiges Leben oder Wiedergeburt? Sterben, Tod und Jenseitshoffnung in europäischen und asiatischen Kulturen*. Freiburg 2007.

Bruno, Giordano: *Über das Unendliche, das Universum und die Welten*, übers. und hg. von Christiane Schultz. Stuttgart 2004.

Burkert, Walter: *Antike Mysterien*. München 1990.

Clauss, Manfred: *Das alte Ägypten*. Berlin 2001.

Crick, Francis: *Was die Seele wirklich ist*. München 1994, Hamburg 1997.

Dawkins, Richard: *Der Gotteswahn*. Berlin 2007.

Eckehart, Meister: *Von der Geburt der Seele*, übers. von Emil K. Pohl, hg. von Gerhard Stenzel, Gütersloh 1959.

Eliade, Mircea: *Geschichte der religiösen Ideen*, übers. von Elisabeth Darlap. 3 Bände, Freiburg 1978–1991.

Ders.: *Schamanismus und archaische Ekstasetechnik*, übers. von Inge Köck. Frankfurt a. M. 1975.

Ferber, Rafael: *Die Unwissenheit des Philosophen oder Warum hat Plato die „ungeschriebene Lehre" nicht geschrieben?* München 2007.

Flasch, Kurt: *Nikolaus von Kues in seiner Zeit.* Stuttgart 2004.

Forum für Philosophie Bad Homburg (Hg.): *Zeiterfahrung und Personalität*, Frankfurt a. M. 1992.

Glasenapp, Helmuth von: *Die nichtchristlichen Religionen.* Frankfurt a. M. 1957.

Graf, Friedrich Wilhelm / Meier, Heinrich (Hg.): *Der Tod im Leben. Ein Symposion.* München 2004.

Gronemeyer, Marianne: *Das Leben als letzte Gelegenheit. Sicherheitsbedürfnisse und Zeitknappheit.* Darmstadt 1993.

Guratzsch, Herwig / Carnap-Bornheim, Claus von (Hg.): *Wege ins Jenseits. Mit Walküren zu Odin, mit Engeln zu Gott.* Neumünster 2005.

Heer, Friedrich (Hg.): *Gottfried Wilhelm Leibniz – Auswahl aus seinen Werken.* Frankfurt a. M. 1958.

Heidegger, Martin: *Sein und Zeit*, Tübingen 1963, darin Zweiter Abschnitt: „Dasein und Zeitlichkeit".

Hoffmeister, Johannes / Regenbogen, Arnim / Meyer, Uwe (Hg.): *Wörterbuch der philosophischen Begriffe.* Hamburg 1998.

Hofstadter, Douglas: *Ich bin eine seltsame Schleife*, übers. von Susanne Held, Stuttgart 2008.

Holloway, Richard: *Die Dunkelheit zwischen den Sternen*, übers. von Sebastian Vogel. München 2007.

Husserl, Edmund: *Phänomenologie der Lebenswelt.* Ausgewählte Texte II, hg. von Klaus Held, darin: „Phänomenologie des inneren Zeitbewusstseins". Stuttgart 1986.

Jaspers, Karl: *Die großen Philosophen*, hg. von Hans Saner, Band 1, darin die Kapitel: Augustin, Kant, Plotin. München 1957.

Kant, Immanuel: *Kritik der praktischen Vernunft*, hg. von Wilhelm Weischedel. Frankfurt a. M. 1974.

Keel, Daniel / Vonlanthen, Isabelle (Hg.): *Über den Tod. Von Homer bis Dürrenmatt.* Zürich 2003.

Krüger, Werner: *Shihuang Di und der Alltag im alten China.* Köln 1981.

Lamer, Hans / Bux, Ernst /Schöne, Wilhelm (Hg.): *Wörterbuch der Antike*, Stuttgart 1955.

Linke, Detlef: *Das Gehirn.* München 1999.

Ders.: *Religion als Risiko. Geist, Glaube und Gehirn.* Reinbek 2003.

Lütz, Manfred: *Gott*. München 2007.

Mendelssohn, Moses: *Phädon oder über die Unsterblichkeit der Seele*. Hamburg 1979.

Müller-Karpe, Hermann: *Geschichte der Steinzeit*. München 1974.

Niemz, Markolf H.: *Lucy im Licht – Dem Jenseits auf der Spur*. München 2007.

Pauen, Michael: *Was ist der Mensch? Die Entdeckung der Natur des Geistes*. München 2007.

Pieper, Josef (Hg.): *Thomas-Brevier*. Lateinisch-Deutsch. München 1956.

Platon: *Phaidon*, in: *Platons Werke*, übers. von Friedrich Schleiermacher. Berlin 1985.

Rahner, Karl: *Zur Theologie des Todes*. Freiburg 1958.

Ratzinger, Joseph: *Eschatologie, Tod und ewiges Leben*. Regensburg 1977, Neuauflage 2007.

Rohde, Erwin: *Psyche – Seelencult und Unsterblichkeitsglaube der Griechen*. Darmstadt 1974.

Rohs, Peter: „Die Zeitlichkeit von Leib und Seele", in: *Zeiterfahrung und Personalität*. Forum für Philosophie. Frankfurt a. M. 1992.

Rose, Herbert Jennings: *Griechische Mythologie*, übers. von Anna Elisabeth Berve-Glauning. München 1997.

Scheler, Max: *Die Stellung des Menschen im Kosmos*. Bern/München 1962.

Schlögl, Hermann A.: *Das alte Ägypten*. München 2006.

Schmitz, Hermann: *Der unerschöpfliche Gegenstand – Grundzüge der Philosophie*. Bonn 2007.

Schopenhauer, Arthur: *Die Welt als Wille und Vorstellung*, in: Ders.: *Sämtliche Werke*, hg. von Arthur Hübscher. Band 2, Wiesbaden 1966.

Ders.: *Parerga und Paralipomena. Kleine philosophische Schriften*, hg. von Angelika Hübscher, Claudia Schmölders u.a., darin: „Über Religion", Zürich 1977.

Schrödinger, Erwin: *Geist und Materie*. Zürich 1994.

Schulz, Walter: *Vernunft und Freiheit*. Stuttgart 1981.

Sedlmayr, Hans: *Die Entstehung der Kathedrale*. Graz 1988.

Siep, Ludwig (Hg.): *Identität der Person. Aufsätze aus der nordamerikanischen Gegenwartsphilosophie*, Basel/Stuttgart 1983.

Spaemann, Robert: *Das unsterbliche Gerücht*. Stuttgart 2007; Ders.: *Der letzte Gottesbeweis*. München 2007.

Staguhn, Gerhard: *Gott und die Götter. Die Geschichte der großen Religionen*. München 2003;

Stubenrauch, Bertram: *Was kommt danach? – Himmel, Hölle, Nirwana oder gar nichts*. München 2007.

Terkel, Studs: *Gespräche um Leben und Tod*, übers. von Inge Leipold. München 2002.

Terzani, Tiziano: *Das Ende ist mein Anfang*. München 2007.

Thomas von Aquin: *Summa Theologiae*. Madrid 1961 (spanische Ausgabe), darin: Quaestio 2 („De Deo, an Deus sit") sowie Quaestio 75 („De homine, qui ex spirituali et corporali substantia componitur. Et primo, quantum ad essentiam animae") und Quaestio 76 („De unione animae ad corpus").

Tipler, Frank J.: *Die Physik der Unsterblichkeit – Moderne Kosmologie, Gott und die Auferstehung der Toten*. München 1994.

Personenregister

Adorno, Theodor W. 111
Albertus Magnus 67
Alexander der Große 130
Alexander von Aphrodisias
    62
Alighieri, Dante *siehe* Dante
    Alighieri
Anselm von Canterbury
    75, 81, 83 f.
Aristoteles 10, 29, 59, 61 f., 69,
    71, 81 f., 113, 120
Augustinus, Aurelius 65
Avicebron (Gabirol, Salomon ben
    Jehuda Ibn) 76

Benedikt XVI. *siehe* Ratzinger
    Joseph
Bloch, Ernst 25
Boetius, Anicius Manlius
    Torquatus 97
Bolzano, Bernard 12, 79 f., 141
Brentano, Clemens 37
Bröcker, Walter 118
Brück, Michael von 90
Bruno, Giordano 71, 135
Buddha (Siddharta Guatama)
    89 f., 92

Canetti, Elias 129
Chalmers, David 120
Cicero, Marcus Tullius 63

Clauss, Manfred 48
Crick, Francis 119

Dante Alighieri 66 f.
Darwin, Charles 106, 130
Dawkins, Richard 111 f.
Descartes, René 75, 141
Dewen, Pharao (Horusname),
    5. oder 6. König der
    1. Dynastie 49
Dietl, Helmut 56
Djer, Pharao (Horusname),
    3. König der 1. Dynastie 49
Djoser, Pharao, 2. König der
    3. Dynastie 50

Echnaton (Amenhotep IV.),
    10. König der 18. Dynastie
    50
Eckart, Meister 69
Eckermann, Johann Peter 74
Einstein, Albert 121
Einstein, Carl 106
Eliade, Mircea 52
Euripides 51

Fichte, Johann Gottlieb
    115, 128
Freud, Sigmund 12, 110
Friedrich, Caspar David
    131

Gibran, Khalil 5
Gluck, Christoph Willibald 55
Goethe, Johann Wolfgang von
   73 f., 145
Graf, Friedrich Wilhelm 124
Grimm, Jacob und Wilhelm
   37

Heesters, Johannes 23 f.
Hegel, Georg Wilhelm Friedrich
   71, 116
Heidegger, Martin 12, 30, 32,
   118, 126, 132 ff., 136
Heraklit 52
Hölderlin, Friedrich 37
Holloway, Richard 122
Horkheimer, Max 111
Hubble, Edwin P. 122
Hussein Ibn Ali 15
Husserl, Edmund 21, 116 ff.

Jaspers, Karl 22, 86, 126
Jens, Walter 25
Jung, Carl Gustav 110

Kant, Immanuel 78 f., 84 f., 92,
   114 ff., 141
Kaschnitz, Marie Luise 127
Kerkeling, Hape 138
Kierkegaard, Sören 126, 133
Kleist, Heinrich von 131 f.
Kübler-Ross, Elisabeth 25 f.
Kyros II. der Große 130

Leibniz, Gottfried Wilhelm
   31, 71 ff., 75, 141
Leonardo da Vinci 120
Linke, Detlef 96
Lukrez (Titus Lucretius Carus)
   63

Marx, Karl 12
Meier, Heinrich 124
Mendelssohn, Moses 76 ff.
Meretneith, Mutter von
   Pharao Dewen (Horusname)
   49
Metzinger, Thomas 107
Millais, John E. 143
Mohammed 11, 15, 17
Müller, Sophie 131 f.
Müller-Karpe, Hermann 34

Niemz, Markolf H. 28
Nietzsche, Friedrich 12, 53, 93,
   130, 145
Nikolaus von Kues 31, 71
Novalis (Friedrich v. Hardenberg)
   38

Panaitios 63
Pascal, Blaise 22, 127
Philon von Alexandria 76
Pindar 57
Planck, Max 106, 141
Platon 20, 29, 52, 59 ff., 64 f.,
   68, 70, 77, 79 f., 126, 131,
   141
Plinius der Ältere 63
Plotin 59, 64 f., 68
Plutarch 52 f.
Post, Bert van der 26 f.
Pythagoras 20, 58

Qin Shi Huangdi 43 f.

Rahner, Karl 104
Ratzinger, Joseph 101 ff.
Reich-Ranicki, Marcel 25
Rembrandt (R. Harmensz van
   Rijn) 120

Rohde, Erwin 53f.
Rohs, Peter 115f.

Safranski, Rüdiger 134
Sappho 56
Sartre, Jean-Paul 12, 126, 145
Scheler, Max 119
Schleiermacher, Friedrich Daniel
    131ff.
Schlögl, Hermann Alexander 50
Schmitz, Hermann 21, 124
Schopenhauer, Arthur 92ff.
Schrödinger, Erwin 29
Schröter-Kunhart. Michael 110
Schulz, Walter 29
Searle, John R. 119
Sedlmayr, Hans 70
Semerchet, Pharao (Horusname),
    7. König der 1. Dynastie 49
Shakespeare, William 143
Shankara 88
Siep, Ludwig 97, 124
Singer, Wolf 107
Spaemann, Robert 84ff., 126
Spinoza, Baruch 71
Stoker, Bram 33

Strawson, Peter F. 97
Stubenrauch, Bertram 102f.

Taylor, Liz 109
Teresa, Mutter 11
Terkel, Studs 108
Terzani, Tiziano 94f.
Thales 113
Thomas von Aquin 66ff., 81,
    83f., 112, 145
Tieck, Ludwig 37
Tipler, Frank J. 27f.
Tugendhat, Ernst 110, 123, 129,
    133

Unseld-Berkéwicz, Ulla 27ff.

Vogel, Henriette A. 132

Walser, Martin 24f.
Watson, James D. 119
Whitehead, Alfred North 80,
    141
Wittgenstein, Ludwig 10, 78, 97

Zarathustra 97f.

TIZIANO TERZANI
DAS ENDE IST MEIN ANFANG
Ein Vater, ein Sohn und die große Reise des Lebens
Ein SPIEGEL-Buch

416 Seiten
ISBN 978-3-421-04292-7

„Wie wäre es, wenn wir zwei uns jeden Tag eine Stunde zusammensetzten und Du mich fragtest, was Du schon immer fragen wolltest, und ich Dir frei von der Leber weg erzählte, was mir wichtig ist, von mir und meiner Familie, von der großen Reise des Lebens?" Mit dieser Einladung beginnt das lange Gespräch, das Vater und Sohn im Frühling 2004 in der Toskana führen, als Tiziano Terzani vom Krebs bereits schwer gezeichnet ist. Was er seinem Sohn Folco vor allem weitergeben will: nicht den vorgegebenen Wegen zu folgen, sondern den Mut zu haben, sich einen eigenen zu suchen, auch wenn er Unsicherheiten birgt. Terzani verbindet in seiner Erzählung Lebensweisheit mit spiritueller Offenheit und Kritik an westlichen Lebensmodellen. Seine Botschaft will er verstanden wissen als „Hymne auf die Eigenständigkeit, auf die Möglichkeit zu sein, was du willst."

Entstanden ist ein wunderbares Buch über das Wagnis der Freiheit, über Mut, Liebe, Krankheit und Trauer, über die Vergänglichkeit, Momente der Schönheit und darüber, wie man lernt, loszulassen.

„Es ist eine packende, faszinierende und beschwingte Lektüre. Mag man Terzani auch Weltfremdheit vorwerfen: Seine Sicht der Dinge hat etwas wunderbar Ergreifendes."

Stuttgarter Nachrichten

„Testament eines grandiosen Außenseiters. Ein wunderlich-wunderbares Buch."

Profil

„Ein letztes Lied auf die Vielfalt der Welt. Fantasievoll, rebellisch und unendlich neugierig. In keinem seiner Bücher hatte man auf solche Weise den Bogen dieses Lebens verfolgen können."

Die Zeit

DVA

www.dva.de